APOCALIPSIS

QUE DICE LA BIBLIA · JAHAZIEL RODRÍGUEZ

JAHAZIEL RODRÍGUEZ

APOCALIPSIS

¿QUÉ DICE LA BIBLIA SOBRE LAS PROFECÍAS DEL FIN?

Vida

La misión de Editorial Vida es ser la compañía líder en satisfacer las necesidades de las personas con recursos cuyo contenido glorifique al Señor Jesucristo y promueva principios bíblicos.

Publicado por Editorial Vida, 2023
Nashville, Tennessee, Estados Unidos de América.
Editorial Vida es una marca registrada de HaperCollins Christian Publishing, Inc.
Todos los derechos.

Edición: *Madeline Díaz*
Diseño interior: *Deditorial*

ISBN: 978-0-82977-278-4
E-Book: 978-0-82977-279-1
Audio: 978-0-82977-280-7

CATEGORÍA: Religión / Teología cristiana / Escatología

IMPRESO EN ESTADOS UNIDOS DE AMÉRICA
PRINTED IN THE UNITED STATES OF AMERICA
23 24 25 26 27 LBC 6 5 4 3 2

CONTENIDO

Agradecimientos   9

Introducción   11

CAPÍTULO 1.   Las siete iglesias del Asia Menor   17

CAPÍTULO 2.   Señales de su venida   45

CAPÍTULO 3.   El arrebatamiento de la iglesia   71

CAPÍTULO 4.   La manifestación del anticristo   101

CAPÍTULO 5.   La gran tribulación: los sellos, las
                           trompetas y las copas de la ira   129

CAPÍTULO 6.   La gran ramera y el falso profeta   157

CAPÍTULO 7.   La restauración de Israel   185

CAPÍTULO 8.   La segunda venida de Cristo y el reino
                           milenial   211

CAPÍTULO 9.   La batalla final y la nueva Jerusalén   239

Conclusión   265

Bibliografía   271

Dedicado a todos los que
aman SU venida.

AGRADECIMIENTOS

Agradezco a Dios primeramente, quien es digno de toda la gloria y a quien debemos rendir toda corona, por la realización de este libro, el cual he escrito en obediencia a su voluntad, dependiendo a la vez de su gracia para poder realizarlo.

También agradezco a mi familia por su apoyo y amor incondicional: a mi esposa Arianna Rodríguez, mi compañera fiel y ayuda idónea. A nuestros hijos, Benjamín, Elizabeth y Josué por su cariño y amor especial que me impulsan a seguir adelante.

De igual forma a mis padres, Eliseo y Anna Rodríguez, a los cuales honro, pues fueron el canal de amor y enseñanza a través del que Dios me permitió ser formado ministerialmente y crecer en el temor del Señor.

A mi única hermana, Eunice Rodríguez, su esposo David y mi sobrina Abigail. Y a toda mi hermosa familia, compuesta por mis abuelos Arnoldo y Aydeé González, y Manolín y Nelda Rodríguez, a quienes Dios usó para formar una descendencia ministerial, de la cual yo soy la tercera generación.

A toda mi extensa ascendencia familiar, paternal y maternal. A mis suegros Alexander y Mabel, siervos de Dios que nos apoyan ministerialmente.

También a nuestra amada iglesia que siempre nos respalda, la Iglesia Monte de Sion en Miami.

Agradezco también a todos aquellos hermanos de «Qué dice la Biblia», que nos apoyan con sus oraciones y respaldo a través de las redes sociales cada semana.

Y por último, le doy las gracias a Editorial Vida por su magnífico trabajo en el desarrollo de este libro y por permitirme el privilegio de su publicación.

INTRODUCCIÓN

Por algún gran misterio que no entendemos, los momentos de mayor crecimiento y revelación espiritual llegan por lo general en tiempos de gran prueba y sufrimiento. Y precisamente ese fue el caso del escritor del último libro de la Biblia, el libro de Apocalipsis o Revelaciones. Luego de un terrible incendio que se desatara en la noche del 18 de julio del año 64 d. C. en la ciudad de Roma, capital del antiguo Imperio romano, y que ardiera por cinco días, el emperador Nerón aprovechó el momento para culpar a los cristianos de haber comenzado aquel incendio e iniciar así la primera ola de persecución en contra del evangelio, que llevó a los creyentes a la hoguera, la decapitación, la cruz o el circo romano. En esta primera persecución encontraron la muerte muchos hombres de Dios como el apóstol Pablo, quien según los historiadores murió luego de su segundo encarcelamiento en Roma. También el apóstol Pedro, que fue crucificado cabeza abajo. Y aunque muchos cristianos lograron sobrevivir y hubo un tiempo de tregua y cierta paz, entre los años 81 y 96 d. C. comenzaría la segunda ola de persecución contra la iglesia por parte del mismo Imperio romano, pero ahora bajo el mando del emperador Domiciano. Y esta vez, entre los perseguidos y sentenciados a muerte estaría el escritor del libro de Apocalipsis, el anciano Juan, hijo de Zebedeo, hermano de Jacobo y uno de los doce apóstoles del Señor (Mt 4:21), quien pastoreaba por aquel entonces en la ciudad de Éfeso.

Según algunos historiadores, cuando los romanos detuvieron a Juan, fue sentenciado primeramente a morir quemado en una caldera de aceite hirviendo, pero de forma milagrosa no padeció ningún mal, por lo que el emperador tomó la decisión de enviarlo a Patmos cerca del año 95 d. C., una isla desierta de suelo rocoso, sin arroyos, árboles ni tierra fértil, y de tan solo doce kilómetros de largo por unos cinco kilómetros de ancho en su parte más amplia. Era el lugar donde enviaban a los enemigos del imperio para que muriesen lentamente.

Sin embargo, lo que nadie hubiera imaginado es que aquello había sido permitido por Dios para conducir a Juan a un tiempo de soledad y privacidad con el fin de recibir una de las mayores visiones proféticas que jamás alguien había recibido, la revelación de Apocalipsis. El apóstol describe la experiencia que vivió en aquel día domingo de la siguiente manera:

Yo Juan, vuestro hermano, y copartícipe vuestro en la tribulación, en el reino y en la paciencia de Jesucristo, estaba en la isla llamada Patmos, por causa de la palabra de Dios y el testimonio de Jesucristo. Yo estaba en el Espíritu en el día del Señor, y oí detrás de mí una gran voz como de trompeta, que decía: Yo soy el Alfa y la Omega, el primero y el último.

Escribe en un libro lo que ves, y envíalo a las siete iglesias que están en Asia: a Éfeso, Esmirna, Pérgamo, Tiatira, Sardis, Filadelfia y Laodicea (Ap 1:9-11).

Lo que Juan describe haber experimentado, a lo que llama estar «en el Espíritu», fue en realidad un éxtasis, ya que la palabra griega originalmente usada es *pneymati*, que significa literalmente «en estado de éxtasis». Un éxtasis es una experiencia otorgada por Dios en la cual se apagan los sentidos naturales para recibir alguna revelación grandiosa, al igual que le sucedió a Pedro (Hch 10:10) y a otros hombres de la Biblia. Y la razón por la cual Dios condujo a Juan a ese estado fue para poder llevarlo a un nivel de tal comunión y profundidad en el Espíritu que pudiera recibir todo lo que le iba a revelar. Es entonces que, como primer suceso, Juan escucha detrás de sí una voz como de trompeta, diciendo: «Yo soy el Alfa y la Omega, el primero y el último. Escribe en un libro lo que ves, y envíalo a las siete iglesias que están en Asia: a Éfeso, Esmirna, Pérgamo, Tiatira, Sardis, Filadelfia y Laodicea» (Ap 1:11).

Cuando Juan se da la vuelta para ver quién era el que le hablaba, ve a Cristo Jesús —el YO SOY, el principio y el fin y el centro de la Escritura— parado frente a él, ya no con un cuerpo de humillación, sino lleno de gloria y majestad. Lo ve vestido de una ropa que le llegaba hasta los pies y ceñido con un cinto de oro (Ap 1:13), lo cual es tipo de su sacerdocio y reino (Heb 4:14). También observa que sus cabellos eran blancos como blanca lana, y los compara con la nieve, que es lo más blanco que se conoce hasta el día de hoy en la tierra (Ap 1:14). Esto es tipo de la eternidad de Cristo y se corresponde con lo que vio el profeta Daniel en visión cuando dijo: «Y se sentó un Anciano de días, cuyo vestido era blanco como la nieve, y el pelo de su cabeza como lana limpia» (Dn 7:9). Cristo Jesús es eterno igual que el Padre y no fue ningún ser creado, porque no tuvo principio ni fin (Jn 1:1-3). Asimismo, ve que sus ojos eran como llama de fuego (Ap 1:14), lo cual habla de su omnisciencia, pues Él todo lo escudriña, hasta lo profundo del corazón (Jn 2:25).

Además, Juan afirma que los pies del Señor resplandecían de manera semejante al bronce bruñido (Ap 1:15), del mismo color que la serpiente de bronce que levantó Moisés en el desierto (Nm 21:8), lo cual es todo un símbolo de la intensidad del sufrimiento que tuvo que atravesar en la cruz del Calvario para poder comprar nuestra salvación. Su voz, Juan la describe como voz de trompeta (Ap 1:10), como estruendo de muchas aguas (v. 15), y finalmente ve que de su boca sale una espada aguda de dos filos (v. 16), y todo esto es un símbolo de la autoridad de su palabra cuando habla. Como ciertos guardias dijeron una vez: «¡Jamás hombre alguno ha hablado como este hombre!» (Jn 7:46). Por último, Juan se refiere al aspecto del Señor, diciendo que su rostro era como el sol cuando resplandece en su fuerza (Ap 1:16), lo que enfatiza la gloria del Cristo, que es el sol de justicia.

Lo primero que Juan narra en Apocalipsis es su visión de Jesús glorificado, y eso se fundamenta en que Él es el centro mismo de ese libro profético. He aquí uno de los aspectos más importantes que debemos conocer de Apocalipsis: el mismo no trata del diablo ni del anticristo, sino de Cristo Jesús y su victoria sobre sus enemigos. De hecho, este es uno de los libros de la Biblia donde más se exalta a la persona de Cristo.

Ahora bien, el Señor se le apareció a Juan en Patmos para mostrarle una serie de visiones proféticas sobre los acontecimientos que sucederán en el tiempo del fin, por lo cual le ordena: «Escribe las cosas que has visto, y las que son, y las que han de ser después de estas» (Ap 1:19). Apocalipsis no es un libro únicamente simbólico o espiritualista, ni tampoco un libro histórico cuyas profecías se han cumplido en tiempos pasados. El mismo fue escrito en el año 95 d. C., mucho tiempo después de la destrucción de Jerusalén en el 70 d. C., de modo que no podía estar prediciendo este evento, como algunos han argumentado, dado que ya había sucedido. Más bien, es evidente que el libro de Apocalipsis, aunque sí está lleno de simbologías, es un libro profético y futurista, que anuncia los acontecimientos que sucederán durante el tiempo del fin.

Sin embargo, ¿cuáles son esos acontecimientos? ¿Cuándo sucederán? ¿Y en qué orden ocurrirán? Lamentablemente, nuestra generación conoce muy poco sobre el libro de Apocalipsis, quizás porque hay cierto temor al abrirlo. Pero lo peligroso de no leerlo y estudiarlo es que nos pudiéramos convertir en creyentes ignorantes, que desconozcan las profecías y, sobre todo, el tiempo profético en que nos ha tocado vivir. Algo así como le sucedió a la ciudad de Jerusalén, a la cual Jesús le dijo: «Te derribarán a tierra, y a tus hijos dentro de ti, y no dejarán en ti piedra sobre piedra, por cuanto no conociste el tiempo de tu visitación» (Lc 19:44). Dios no desea que nos acontezca igual que a Jerusalén, que desconoció el tiempo profético en que estaba viviendo, y por eso nos dejó el libro de Apocalipsis para que sepamos todo lo que va a suceder. De hecho, este es el único libro de la Biblia que menciona una bienaventuranza para el lector cuando dice: «Bienaventurado el que lee, y los que oyen las palabras de esta profecía, y guardan las cosas en ella escritas; porque el tiempo está cerca» (Ap 1:3).

Por eso, con mucho amor, después de haber estudiado durante muchos años las profecías del fin, he escrito en obediencia al Señor este libro que usted está leyendo, no para ofrecer una larga lista de las distintas escuelas que hay en cuanto a la escatología, sino sencillamente para que de la manera como el Señor nos ha mostrado, podamos enseñar al pueblo de Dios cuál creemos que es la interpretación correcta de la mayoría de las profecías de Apocalipsis, así como también el orden en que sucederán.

Deseo que este libro encienda en usted la llama de la pasión por Cristo y nuestro encuentro con Él, a fin de que despertemos y nos alistemos para ese día glorioso. ¡Así que, sin más, comencemos con el emocionante estudio del libro de Apocalipsis!

CAPÍTULO 1

Las siete iglesias del Asia Menor

A pesar de que Apocalipsis es un libro futurista que contiene profecías reservadas para el tiempo del fin y que fue escrito para el beneficio de toda la iglesia a través de la historia, sus tres primeros capítulos van dirigidos a siete iglesias del Asia Menor en aquel entonces: Éfeso, Esmirna, Pérgamo, Tiatira, Sardis, Filadelfia y Laodicea. Estas congregaciones fueron fundadas por los apóstoles y misioneros que expandieron la palabra por toda el Asia Menor en los primeros años de la iglesia primitiva, y muy probablemente, por aquel entonces el apóstol Juan las supervisaba.

Sin embargo, en el momento en que él recibe esta revelación en Patmos, cada una de aquellas iglesias se encontraba atravesando por alguna situación en particular, en varios casos una crisis espiritual, por lo que el Señor les hace una radiografía espiritual y le dice a cada una de ellas: «Yo conozco tus obras...» (Ap 2:2, 9, 13, 19; 3:1, 8, 15). De esta manera, no solo les expone su verdadera condición, sino que además les envía un mensaje de corrección, exhortación o incluso consuelo, según la necesidad de cada una para aquel contexto y momento.

Ahora bien, ¿por qué permitió Dios que el mensaje a estas iglesias fuera incluido en Apocalipsis, siendo un libro tan futurista? ¿Acaso no se pudo haber hecho una epístola similar a las otras que hay en el Nuevo Testamento? Oh mi estimado hermano, la razón por la cual el Espíritu Santo permitió que esto fuera incluido en Apocalipsis y en especial en sus primeras páginas es que estas siete iglesias tienen un gran simbolismo a nivel profético para el tiempo del fin, porque representan las distintas etapas que la iglesia universal atravesaría antes del arrebatamiento. No obstante, antes de ver cuál es ese mensaje profético que cada iglesia representa, veamos cuál es el mensaje que el Señor envió a cada una de ellas y qué lección podemos sacar para nuestras vidas.

Éfeso

La primera congregación a la cual el Señor se dirige es la iglesia en Éfeso, la ciudad más importante de toda la provincia romana del Asia, la cual se caracterizaba por su gran religiosidad y paganismo. Allí estaba el famoso templo a Diana de los Efesios, una de las maravillas del mundo, donde se realizaban orgías y pecados abominables. Fue allí donde ocurrió el gran alboroto provocado por Demetrio, quien intentó llevar a Pablo y sus compañeros a la muerte (Hch 19:23-41). Sin duda alguna, tal idolatría fue uno de los grandes enemigos a los cuales la iglesia tuvo que enfrentar, aunque el peligro mayor vino por parte de los lobos vestidos de ovejas, aquellos herejes de los cuales ya el apóstol Pablo le había advertido a esta congregación que llegarían (Hch 20:29), personas que tratarían de engañar a los discípulos con falsas doctrinas como el gnosticismo y los movimientos que intentaban judaizar a los cristianos gentiles. Sin embargo, a pesar de toda esta oposición, la iglesia había perseverado firme, identificando y exponiendo a los falsos maestros y sus doctrinas. Es por esto que el Señor Jesús comienza su mensaje elogiándola:

> Yo conozco tus obras, y tu arduo trabajo y paciencia; y que no puedes soportar a los malos, y has probado a los que se dicen ser apóstoles, y no lo son, y los has hallado mentirosos; y has sufrido, y has tenido paciencia, y has trabajado arduamente por amor de mi nombre, y no has desmayado (Ap 2:2-3).

Además, los alabó por rechazar en especial las doctrinas de los nicolaítas, un grupo infiltrado en la iglesia que abogaba por un relajamiento doctrinal para no contrariar al mundo y no ser perseguidos. Estos eran liberales que rechazaban la santificación y preferían una iglesia liberal, acomodada al sistema mundano. No obstante, la iglesia de Éfeso se mantuvo firme, por lo que el Señor los felicita diciendo: «Pero tienes esto, que aborreces las obras de los nicolaítas, las cuales yo también aborrezco» (Ap 2:6).

A pesar de estas virtudes que la iglesia tenía, hubo algo que el Señor les reprochó, y es que habían dejado su primer amor, por lo cual les dice: «Pero tengo contra ti, que has dejado tu primer amor» (Ap 2:4).

¿Qué es el primer amor? Es curioso que el nombre de «Éfeso» en su idioma original signifique «deseo ardiente», porque precisamente de eso se trata el primer amor, del fervor y la pasión con los cuales uno debe amar al Señor, esos que nos hacen desear su presencia, hablarle, leer su Palabra y pasar tiempo a solas con Él. Cuando una pareja está recién casada, es común en esos primeros años observar una pasión entre ambos que los motiva a desear compartir juntos a menudo. Pero con el paso del tiempo, en muchos casos, lamentablemente una de las partes o a veces ambas permiten que ese amor se enfríe y caiga en la monotonía. Y en nuestra relación con Dios sucede igual. Dios no desea que nos volvamos religiosos vacíos, sino que permanezcamos apasionados con Él. Por lo cual, el primer mandamiento dado en la Palabra dice: «Amarás al Señor tu Dios con todo tu corazón, y con toda tu alma, y con toda tu mente» (Mt 22:37). Fíjese en la intensidad con la cual Dios desea que lo amemos, una que incluya todo nuestro corazón, el alma y la mente.

Ahora bien, cuando Dios reclama que alguien ha perdido su primer amor, por lo general esto tiene que ver mucho con la vida de oración de la persona y su tiempo de calidad con Él.

El salmista dijo: «Como el ciervo brama por las corrientes de las aguas, así clama por ti, oh Dios, el alma mía. Mi alma tiene sed de Dios, del Dios vivo» (Sal 42:1-2). Cuando uno ama a Jesús, sentirá una pasión por estar a solas con Él en oración y leyendo la Biblia. No obstante, cuando nos enfriamos, por lo general también se enfriará nuestro tiempo de oración.

Hubo una vez un pastor en Estados Unidos llamado Francis a quien Dios comenzó a usar y bendecir en su pastorado. En sus inicios, él era un hombre de oración, apasionado por la lectura bíblica y la comunión con Dios. No obstante, con el crecimiento de la iglesia y sus grandes responsabilidades, permitió que lentamente el tiempo y la calidad de su oración menguaran, al punto de convertirse en un pastor religioso y vacío por dentro. Nunca el primer amor se pierde de la noche a la mañana, sino que se va apagando lentamente, en general gracias a los espinos del afán aun dentro de la misma iglesia.

Un día, un humilde hermano de la congregación se le acercó después del servicio para darle una palabra que el Señor le había revelado la noche anterior. Al recibir a este hermano, el pastor se emocionó pensando que se trataría de algún nuevo proyecto que Dios tenía para él. Pero en realidad, el hermano le comentó: «Anoche el Señor me dijo: "Dile a Francis que lo extraño"». Esas palabras penetraron en el corazón de aquel pastor como un bisturí de cirujano, porque exponía su crítica condición espiritual, de apatía y frialdad. A veces los pastores podemos encontrarnos trabajando para la obra de Dios, pero nos descuidamos de pasar tiempo con el Dios de la obra. Así como Marta, que aunque estaba sirviendo a Dios había descuidado la mejor parte, aquella que María había escogido: sentarse a los pies del Maestro (Lc 10:42).

La iglesia de Éfeso había caído lentamente en una frialdad espiritual tan grande, que aunque tenían celo y conocimiento de la verdad ya no pasaban tiempo con Dios, porque se habían vuelto mecánicos. Y es por esto que el Señor les advierte, diciendo: «Recuerda, por tanto, de dónde has caído, y arrepiéntete, y haz las primeras obras; pues si no, vendré pronto a ti, y quitaré tu candelero de su lugar, si no te hubieres arrepentido» (Ap 2:5). Lo peor que le puede pasar a una iglesia o a un creyente es que el candelero de Dios sea quitado de su vida, el cual, en este contexto es tipo de la unción y el respaldo del Espíritu Santo. La solución que Jesús le dio a esta iglesia para recuperar su primer amor consistía de tres pasos. Primero, que recordara de dónde había caído. Segundo, que se arrepintiera y se volviera de su mal camino. Y tercero, que comenzara a realizar otra vez las primeras obras que una vez la habían caracterizado como una iglesia avivada. ¿Cuáles obras eran estas? Sencillamente, aquellas que la habían acercado a la presencia de Dios, y me refiero a la oración y la comunión con el Señor. Jesucristo iba muy comúnmente a orar a un huerto llamado Getsemaní, que significa en el original «prensa de aceite». Esto nos recuerda que la oración es el detonante de la presencia del Espíritu Santo, así como Jeremías 33:3 nos encomienda: «Clama a mí, y yo te responderé, y te enseñaré cosas grandes y ocultas que tú no conoces».

Si usted, estimado lector, se identifica con esa iglesia debido a que sabe que su pasión por Dios se ha enfriado, es necesario que despierte y busque llenarse de Dios nuevamente, porque le adelanto que a fin de estar listo para todas las grandes profecías de las cuales hablaremos en los siguientes capítulos, hay que tener aceite en las lámparas.

Esmirna

La segunda congregación a la cual el Señor se dirige es la de Esmirna, una comunidad a la que, a diferencia de la de Éfeso, Cristo no le reprochó nada, sino que más bien su mensaje fue para consolarla, pues era una iglesia muy sufrida, como su mismo nombre lo indica. Este proviene de la antigua palabra griega para «mirra», que es tipo del sufrimiento.

Esmirna era una de las ciudades más hermosas y ricas del Asia Menor, pues estaba edificada al lado del mar Egeo. No obstante, al igual que otras ciudades de la región, esta era muy devota al Imperio romano y sus prácticas idolátricas, a tal nivel que allí se había construido el primer templo a la diosa «Roma». Tal idolatría provocó que sus ciudadanos persiguieran a los cristianos expulsándolos de sus empleos, condenándolos así a la pobreza y la escasez. Pero además, los mismos judíos incrédulos al evangelio se habían confabulado con los paganos para perseguir a los creyentes, encerrándolos en la cárcel y matándolos, por lo cual Jesús llama a esos judíos «falsos» y «sinagoga de Satanás». De este modo corrobora lo mismo que dijo en su ministerio a los judíos que no creían en Él: «Vosotros sois de vuestro padre el diablo» (Jn 8:44). Es por eso que Jesús los consuela diciendo:

El primero y el postrero, el que estuvo muerto y vivió, dice esto: Yo conozco tus obras, y tu tribulación, y tu pobreza (pero tú eres rico), y la blasfemia de los que se dicen ser judíos, y no lo son, sino sinagoga de Satanás. No temas en nada lo que vas a padecer. He aquí, el diablo echará a

23

algunos de vosotros en la cárcel, para que seáis probados, y tendréis tribulación por diez días. Sé fiel hasta la muerte, y yo te daré la corona de la vida (Ap 2:8-10).

No obstante, el peor período de persecución estaba a punto de llegar. La indicación de que la persecución perduraría por diez días significaba que se extendería por mucho tiempo, aunque también era algo simbólico, pues la cantidad de persecuciones llevadas a cabo por el Imperio romano en contra de la iglesia fueron precisamente diez en total, extendiéndose la última precisamente diez años. Se cree que la iglesia de Esmirna sufrió dos de estas diez persecuciones, y que hubo más de dos mil trescientos cristianos que dieron su vida por causa del evangelio, entre los cuales estuvo Policarpo, el pastor de la iglesia que fuera un discípulo del apóstol Juan. Cuenta la historia que cerca del año 155 d. C., siendo ya un anciano, Policarpo fue condenado a morir en la hoguera y mientras era llevado, el procónsul romano le dio una última oportunidad pidiéndole que maldijera a Cristo y jurara lealtad al César como señor. Sin embargo, Policarpo respondió: «Ochenta y seis años hace que sirvo a Cristo, y ningún daño he recibido de Él. ¿Cómo puedo maldecir a mi Rey, que me ha salvado?». Acto seguido, aquel gran hombre de Dios murió quemado en la hoguera como un verdadero mártir mientras cantaba himnos al Señor. Es por esto que el Señor dijo: «Sé fiel hasta la muerte, y yo te daré la corona de la vida» (Ap 2:10).

Sin duda, la iglesia de Esmirna fue una de las que más persecución sufrió en carne propia. No obstante, resulta muy significativo que a esta congregación Jesús se le presente bajo el título de «el primero y el postrero, el que estuvo muerto y vivió» (Ap 2:8), ya que con esas palabras hace alusión a su victoria sobre la muerte. Esto tenía la intención de que los creyentes recordaran que de la misma manera que Él resucitó, hay esperanza de vida eterna y resurrección para aquellos que le sirven.

Estimado amigo, hay algo que vale más que el dinero, el prestigio, la fama y hasta la vida misma, y es la vida eterna, el gozo de estar con Cristo por toda la eternidad y escapar del infierno, así como las promesas de resurrección que Jesús nos da. La Biblia establece: «Si sufrimos, también reinaremos con él; si le negáremos, él también nos negará» (2 Ti 2:12).

Pérgamo

A unos setenta kilómetros al norte de Esmirna se encontraba la tercera iglesia a la cual Jesús se dirige, localizada en Pérgamo, una ciudad grande y próspera asentada sobre una gran colina de trescientos metros de altura. Según algunos estudiosos, el nombre Pérgamo significa en griego algo así como «matrimonio mixto», lo cual va muy de la mano con la situación espiritual que esta iglesia estaba atravesando y lo que simbolizaba, como veremos al final del capítulo.

Pérgamo fue famosa por su gigantesca biblioteca, que contaba con doscientos mil pergaminos y que según algunos podía competir con la biblioteca de Alejandría, la sede de la sabiduría griega en su momento. Por lo tanto, este era un centro de sabiduría y conocimiento para el mundo entero. Sin embargo, lo que más llamaba la atención de los paganos hacia Pérgamo no era su biblioteca, sino los monumentos religiosos dedicados a los dioses del Imperio romano. Se dice que había un templo dedicado a Zeus, otro al dios de la medicina y, como si fuera poco, también se había construido allí el primer templo al emperador romano, donde se obligaba a los ciudadanos a ofrecer incienso a su estatua. De este modo, Pérgamo se convirtió poco a poco en la ciudad más idólatra de toda Asia Menor. Quizás es por esto que Jesús afirma que en ella estaba «el trono de Satanás» y le dice a la iglesia allí localizada las siguientes palabras:

> Yo conozco tus obras, y dónde moras, donde está el trono de Satanás; pero retienes mi nombre, y no has negado mi fe, ni aun en los días en que Antipas mi testigo fiel fue muerto entre vosotros, donde mora Satanás (Ap 2:13).

El Señor comenzó alabando a esta iglesia por sus virtudes y su fidelidad en medio de la persecución, aun cuando habían matado a Antipas, el pastor de la iglesia que muriera como mártir en la hoguera según algunos. Sin embargo, no todos fueron elogios, porque el Señor también mencionó algunos defectos:

> Pero tengo unas pocas cosas contra ti: que tienes ahí a los que retienen la doctrina de Balaam, que enseñaba a Balac a poner tropiezo ante los hijos de Israel, a comer de cosas

sacrificadas a los ídolos, y a cometer fornicación. Y también tienes a los que retienen la doctrina de los nicolaítas, la que yo aborrezco. Por tanto, arrepiéntete; pues si no, vendré a ti pronto, y pelearé contra ellos con la espada de mi boca (Ap 2:14-16).

Como ya aprendimos, los nicolaítas eran un grupo sectario infiltrado dentro de la iglesia que abogaba por un relajamiento doctrinal, no solo en cuanto a lo dogmático, sino también en lo relacionado a la vida sexual. Además, en esta iglesia había otro grupo que retenía la doctrina de Balaam, los cuales enseñaban que no era malo sacrificar a los ídolos, comer de dichos alimentos ni concederse ciertas libertades sexuales. Por lo tanto, el Señor los compara con el adivino Balaam, que provocó la fornicación de los israelitas a través del consejo malévolo que le dio al rey Balac (Nm 22—23). No obstante, a diferencia de Éfeso, que había reprendido a tales grupos sectarios, la iglesia de Pérgamo fue condescendiente con ellos, lo cual hace que Jesús los reprenda por tener a tales personas dentro de su congregación.

Evidentemente, la iglesia es un lugar para enfermos espirituales y no les debe cerrar la puerta a personas que, aunque equivocadas, vengan con sinceridad para conocer sobre la verdad de la Palabra. Pero se nos da la orden de que no compartamos con ningún hereje que persistiendo en su maldad quiera seducir a los hermanos. Pablo dijo: «Más bien os escribí que no os juntéis con ninguno que, llamándose hermano, fuere fornicario, o avaro, o idólatra, o maldiciente, o borracho, o ladrón; con el tal ni aun comáis» (1 Co 5:11).

Ante los ojos de Dios, la iglesia, como sal que es y encargada de preservar la verdad, estaba obligada a rechazar tales falsas doctrinas. No obstante, en vez de eso, habían sido permisivos con el pecado, al igual que lo fue Elí con sus hijos (1 S 3:13). Es por esto que el Señor los disciplina y advierte: «Por tanto, arrepiéntete; pues si no, vendré a ti pronto, y pelearé contra ellos con la espada de mi boca» (Ap 2:16). La advertencia del Señor se refiere a una visita de corrección y juicio sobre esta iglesia, pero menciona también un juicio que declararía contra aquellos paganos a través de la espada de su boca, de la misma manera que lo hizo con Ananías y Safira (Hch 5:1-11).

Mi estimado hermano, nunca seamos permisivos con el pecado, sino desechémoslo y condenémoslo. La Palabra establece así: «Porque no reposará la vara de la impiedad sobre la heredad de los justos; no sea que extiendan los justos sus manos a la iniquidad» (Sal 125:3).

Tiatira

A unos sesenta y cinco kilómetros al sureste de Pérgamo se encontraba Tiatira, una ciudad reconocida por su gran comercio y fabricación de telas preciosas de lana y púrpura. Lidia, la vendedora de púrpura que se convirtiera a Cristo por medio de la predicación del apóstol Pablo (Hch 16:14), era de esta comunidad. Y como sucedía en todas las otras ciudades de Asia, la idolatría y el paganismo eran también notables allí, pues había un templo al dios Apolo y otro a Artemisa o Diana, además de mucha superstición y ocultismo.

Sin embargo, la ciudad era famosa sobre todo por los banquetes y festivales promiscuos que se hacían en honor a los dioses paganos.

Pues bien, sucede que en medio de esa oscuridad espiritual se encontraba una humilde iglesia que se había mantenido firme en la fe y a la cual el Señor elogia diciendo: «Yo conozco tus obras, y amor, y fe, y servicio, y tu paciencia, y que tus obras postreras son más que las primeras» (Ap 2:19).

Note conmigo que de esta iglesia se elogia su fe, su amor, su perseverancia en el evangelio y su servicio eficaz en la obra del Señor, pero además su gran crecimiento en la fe, porque se afirma que sus obras postreras eran más que las primeras.

No obstante, a pesar de tantas cualidades, el Señor menciona también un gran defecto, similar de hecho al de la iglesia de Pérgamo. Y era que habían tolerado a los herejes dentro del cuerpo de Cristo, aunque en este caso se trató en específico de una mujer pagana:

> Pero tengo unas pocas cosas contra ti: que toleras que esa mujer Jezabel, que se dice profetisa, enseñe y seduzca a mis siervos a fornicar y a comer cosas sacrificadas a los ídolos. Y le he dado tiempo para que se arrepienta, pero no quiere arrepentirse de su fornicación. He aquí, yo la arrojo en cama, y en gran tribulación a los que con ella adulteran, si no se arrepienten de las obras de ella. Y a sus hijos heriré de muerte, y todas las iglesias sabrán que yo soy el que escudriña la mente y el corazón; y os daré a cada uno según vuestras obras (Ap 2:20-23).

Con el fin de describir la maldad de esta mujer, el Señor la compara con Jezabel, aquella reina gentil del tiempo de Elías que se casó con Acab, y lo corrompió a él y a todo el pueblo para que adoraran a Baal y Asera (1 R 16:31-33). De igual manera, la «Jezabel» que el Señor menciona en Apocalipsis se hacía llamar profetisa, aunque no lo era realmente, y había seducido a varios creyentes para que asistieran a los festivales paganos a fin de pecar sexualmente con la excusa de conocer «las profundidades de Satanás». Y aunque semejante maldad era digna de juicio inminente por parte de Dios, vemos su gran misericordia al darle tiempo para que se arrepintiera; aunque también le advierte que si no se vuelve de su mal camino, la castigará junto con sus seguidores.

Lamentablemente, los líderes de la iglesia se habían corrompido al ser tolerantes con aquella pagana, participando así de sus pecados. Aun así, Dios había guardado en esta iglesia un remanente fiel que no se había contaminado, a los cuales les dice: «Pero a vosotros y a los demás que están en Tiatira, a cuantos no tienen esa doctrina, y no han conocido lo que ellos llaman las profundidades de Satanás, yo os digo: No os impondré otra carga; pero lo que tenéis, retenedlo hasta que yo venga» (Ap 2:24-25). El llamado del Señor a ese grupo fiel es que retuvieran la verdad y se mantuviesen fieles hasta el fin.

De igual manera, la Palabra nos exhorta: «Compra la verdad, y no la vendas» (Pr 23:23). Y también el apóstol Pablo le dijo al joven Timoteo: «Retén la forma de las sanas palabras que de mí oíste, en la fe y amor que es en Cristo Jesús» (2 Ti 1:13). A medida que nos acercamos al regreso del Señor, es vital que se levanten cristianos celosos de la verdad y que no la negocien a cambio de nada.

Sardis

La quinta iglesia a la cual Jesús se dirige es la iglesia de Sardis, a la que a diferencia de otras congregaciones Jesús no le reprocha ningún pecado público en específico, como la idolatría o la participación en los ritos paganos. Pero lamentablemente, se estaban muriendo por dentro, por lo cual Jesús les dice:

> Yo conozco tus obras, que tienes nombre de que vives, y estás muerto. Sé vigilante, y afirma las otras cosas que están para morir; porque no he hallado tus obras perfectas delante de Dios. Acuérdate, pues, de lo que has recibido y oído; y guárdalo, y arrepiéntete. Pues si no velas, vendré sobre ti como ladrón, y no sabrás a qué hora vendré sobre ti (Ap 3:1-3).

Lo primero que me llama la atención de este pasaje es el contraste entre lo que la iglesia decía de sí y lo que el Señor dijo realmente de la iglesia. El Cristo que camina en medio de su pueblo y que tiene ojos como llamas de fuego había realizado un examen en el corazón de esta iglesia y había notado que, aunque tenía buena fama públicamente frente a otras iglesias, por dentro estaba muerta. Pero, ¿por qué el Señor le dice que estaba muerta? La respuesta está en las siguientes palabras: «porque no he hallado tus obras perfectas delante de Dios» (Ap 3:2).

Sardis era una iglesia que había tenido un inicio glorioso, que había tenido experiencias y avivamientos transformadores, pero que para aquel entonces ya hacía las cosas por mantener la imagen y el estatus social. No solo habían perdido el primer amor como Éfeso, sino que estaban peor, porque ya se habían muerto completamente, convirtiéndose así en personas con una religión hueca como la de los fariseos, a los cuales Jesús les dijo: «¡Ay de vosotros, escribas y fariseos, hipócritas! porque sois semejantes a sepulcros blanqueados, que por fuera, a la verdad, se muestran hermosos, mas por dentro están llenos de huesos de muertos y de toda inmundicia» (Mt 23:27). Ellos se mostraban como los más religiosos, y es verdad que tenían una larga historia de la cual podían alardear, pero estaban huecos, porque eran religiosos que no hacían las cosas para adorar a Dios, sino por la opinión pública.

De igual manera, hay iglesias y personas hoy en día que se han vuelto religiosas, que realizan las labores ministeriales por costumbre y religión, pero que por dentro están vacías, porque ya no tienen comunión con Cristo. A estas, el Señor les dice con amor: «Sé vigilante, y afirma las otras cosas que están para morir» (Ap 3:2), y luego añade: «Acuérdate, pues, de lo que has recibido y oído; y guárdalo, y arrepiéntete» (Ap 3:3).

Con estas palabras el Señor le está dando a la iglesia la solución para levantarse de su crisis espiritual. Él le da tres consejos. En primer lugar, que se acuerde de lo que había recibido y oído, lo cual es tipo de su palabra, que es el alimento mediante el que podemos evitar la muerte espiritual y el pecado. El salmista dijo: «En mi corazón he guardado tus dichos, para no pecar contra ti» (Sal 119:11). En segundo lugar, le encomienda velar, lo cual tiene que ver con la oración. Jesús les dijo a sus discípulos: «Velad y orad, para que no entréis en tentación; el espíritu a la verdad está dispuesto, pero la carne es débil» (Mt 26:40-41). La oración es fundamental e imprescindible para no morir espiritualmente y ser fervientes en el espíritu. Y en tercer lugar, el Señor le pide que se arrepienta, lo cual se trata de un llamado a abandonar la vida vieja y dar pasos nuevos de fe.

No obstante, como siempre sucede, aun dentro de esta congregación hubo algunos que mantuvieron avivados sus corazones, a los cuales el Señor les dice: «Pero tienes unas pocas personas en Sardis que no han manchado sus vestiduras; y andarán conmigo en vestiduras blancas, porque son dignas» (Ap 3:4). Dios siempre tiene un remanente, de la misma forma que mantuvo a siete mil fieles en el tiempo de Elías, los cuales no doblaron sus rodillas ante Baal. ¡Quiera Dios que cada persona que lea este libro esté también contada entre ese remanente que no se ha contaminado con el pecado y que sus obras sean perfectas delante de Dios!

Filadelfia

La sexta iglesia a la cual el Señor le escribe es la de Filadelfia, una pequeña congregación compuesta por gente muy humilde y de pocos recursos económicos localizada en un contexto terrible en términos espirituales, de modo que había mucha persecución ideológica y cultural en contra del evangelio. No obstante, esta iglesia había logrado permanecer en la fe, sin negar el nombre de Cristo ni renunciar a la verdad de su palabra. Por lo cual el Señor le dice:

> Yo conozco tus obras; he aquí, he puesto delante de ti una puerta abierta, la cual nadie puede cerrar; porque aunque tienes poca fuerza, has guardado mi palabra, y no has negado mi nombre. He aquí, yo entrego de la sinagoga de Satanás a los que se dicen ser judíos y no lo son, sino que mienten; he aquí, yo haré que vengan y se postren a tus pies, y reconozcan que yo te he amado. Por cuanto has guardado la palabra de mi paciencia, yo también te guardaré de la hora de la prueba que ha de venir sobre el mundo entero, para probar a los que moran sobre la tierra. He aquí, yo vengo pronto; retén lo que tienes, para que ninguno tome tu corona (Ap 3:8-11).

Debido a la gran fe y la perseverancia que esta iglesia había mostrado, el Señor le brinda tres promesas gloriosas que sin duda causarían gran entusiasmo en sus feligreses al recibir esta carta. En primer lugar, le dice que ha puesto delante de ella una puerta abierta (v. 8), lo cual se refiere a la gracia que el Señor le daría para predicar el evangelio con denuedo, llegando a lugares donde hubiera sido imposible en las fuerzas humanas y viendo así una gran cosecha de almas. Esta puerta tiene además un simbolismo profético muy importante que veremos más adelante.

La segunda promesa del Señor para esta iglesia fiel tiene que ver con la victoria que le daría en contra de los enemigos y las falsas doctrinas (v. 9). Así, Jesús le dice que entregaría a los que dicen ser judíos y no lo son. Como en muchas otras iglesias, los judíos fueron parte de aquellos que se opusieron y persiguieron el evangelio, a tal nivel, que debemos recordar que en cierta ocasión se juramentaron bajo maldición para matar a Pablo (Hch 23:12). A estos, el Señor los acusa de no ser verdaderos judíos, y le promete a la iglesia que le daría la victoria en contra de ellos y cualquier otro enemigo.

Además, el Señor le hace una tercera promesa a esta congregación, y tiene que ver con la protección del Señor sobre sus vidas, guardándolos en la hora de la prueba (v. 10). Según los historiadores, esta iglesia fue la única que no resultó destruida por la persecución de Trajano en el año 112 d. C., aproximadamente unos quince años después de que Apocalipsis fuera escrito. Asimismo, fue salvada del mahometismo, el avance del islam que destruyera a muchas congregaciones evangélicas. También esta promesa tiene un simbolismo profético muy importante en relación a los eventos del fin, de lo cual hablaremos más adelante.

Ahora bien, aunque esta iglesia no recibió ningún regaño del Señor, sí hubo una exhortación importante cuando le dice: «He aquí, yo vengo pronto; retén lo que tienes, para que ninguno tome tu corona» (Ap 3:11). Es llamativo que a través de toda la Biblia haya cientos de pasajes que hacen énfasis en la importancia de no descuidar lo que hemos recibido, sino que más bien debemos perseverar hasta el final. El escritor de Hebreos dice: «Porque somos hechos participantes de Cristo, *con tal que retengamos firme hasta el fin* nuestra confianza del principio» (Heb 3:14, énfasis añadido). Mi amado hermano, perseveremos hasta el fin en fidelidad a Cristo, no a través de nuestras fuerzas, sino en el poder de su fuerza (Ef 6:10).

Laodicea

La última iglesia a la que el Señor le escribe es la de Laodicea, la cual recibe el mensaje más caótico y alarmante, comenzando con las siguientes palabras: «Yo conozco tus obras, que ni eres frío ni caliente. ¡Ojalá fueses frío o caliente! Pero por cuanto eres tibio, y no frío ni caliente, te vomitaré de mi boca» (Ap 3:15-16).

El primer problema de esta congregación era su tibieza espiritual, o lo que yo llamaría bipolaridad espiritual, porque ni eran santos ni profanos; ellos eran sencillamente tibios. Se dice que en Laodicea había ciertas cañerías que traían las aguas termales para el consumo de la población, pero que en ocasiones, por distintos fenómenos, el agua alcanzaba temperaturas tibias, siendo así demasiado fría con el fin de usarla para el baño y demasiado caliente para beberla. Por lo tanto, la gente la escupía al intentar beberla. De igual manera sucedía con esta iglesia, el Señor la vomitaría de su boca si no se arrepentía a tiempo.

Estas palabras de Jesús revelaban la situación caótica que estaba viviendo esta iglesia en su vida espiritual. Pero además, en la congregación había también un espíritu fariseo de autosuficiencia que no les permitía darse cuenta de su error, por lo que al igual que sucedía con la de Sardis, su propia opinión sobre su estado espiritual era muy distinta a la opinión de Dios sobre ella. Y parte de la razón de esto es que la iglesia se había dejado influenciar por el ambiente de opulencia que se vivía en la ciudad, ya que según se dice contaba con un centro bancario muy prominente, además de una industria de lana muy lustrosa y cara de la cual los laodicenses se jactaban comúnmente, así como también poseía un centro popular de medicina especializado en la vista. Y todo esto había hecho de los laodicenses personas orgullosas, materialistas y ególatras, lo cual influenció también a los creyentes, provocando su paulatina independencia de Dios y la apostasía espiritual. Por esto Jesús confronta a la iglesia y le dice:

> Porque tú dices: Yo soy rico, y me he enriquecido, y de ninguna cosa tengo necesidad; y no sabes que tú eres un desventurado, miserable, pobre, ciego y desnudo. Por tanto, yo te aconsejo que de mí compres oro refinado en fuego, para que seas rico, y vestiduras blancas para vestirte, y que no se descubra la vergüenza de tu desnudez; y unge tus ojos con colirio, para que veas (Ap 3:17-18).

Esta iglesia se había convertido en apóstata, liberal y autosuficiente, por lo que había sacado a Jesús de su congregación. De modo que Jesús le dice: «He aquí, yo estoy a la puerta y llamo; si alguno oye mi voz y abre la puerta, entraré a él, y cenaré con él, y él conmigo» (Ap 3:20). Casi todos los predicadores hemos usado este versículo a la hora de evangelizar, pero la verdad es que en su contexto no tiene nada que ver con el evangelismo, sino que está revelando algo triste, y es que la iglesia había expulsado a Cristo de sus vidas.

Mi estimado hermano, Dios no se complace con vidas tibias que coquetean con el pecado. La Palabra dice que Él habita en la santidad (Is 57:15), por lo cual la santidad conviene a nuestras vidas para que la presencia del tres veces Santo se pueda percibir en medio nuestro sin impedimento.

El significado profético y escatológico

Ahora que hemos analizado el mensaje histórico para aquellas iglesias, es momento de hablar del significado profético y escatológico que las mismas tienen. Como ya les adelanté, es muy curioso que Dios permitiera que se escribiera un mensaje para cada una de aquellas iglesias dentro de un libro tan profético y futurista como lo es Apocalipsis. Y creo que la razón es que estas siete iglesias representan a la iglesia del Señor desde aquel entonces hasta el momento del arrebatamiento, porque el número siete significa plenitud y perfección. Pero además, debido a las cualidades y la profecía de dichas iglesias, creemos que cada una de ellas representa proféticamente las distintas etapas que el pueblo de Dios atravesaría hasta el momento del regreso de Cristo. Así que consideremos a continuación qué etapa simboliza cada iglesia.

En primer lugar, creemos que la iglesia de Éfeso representó proféticamente a la iglesia apostólica desde el año 30 hasta el 100 d. C., desde su momento de avivamiento hasta su frialdad espiritual. El libro de Hechos muestra la gloria que esa iglesia vivió, pero la historia extrabíblica demostró que un tiempo después la iglesia comenzó a enfriarse poco a poco, perdiendo el primer amor.

Fue por eso que Dios permitió que viniera el peor período de persecución a la iglesia con el fin de avivarla, porque curiosamente los mejores momentos de la misma siempre han sucedido a la par de la persecución. Y esa es precisamente la etapa que representa la iglesia de Esmirna, la época de persecución por parte de Roma en contra del cristianismo desde el año 100 hasta el 313 d. C.

En tercer lugar, la iglesia de Pérgamo representó el período de la iglesia imperial, desde el 313 d. C. hasta los años 500 d. C., cuando la iglesia se mezcló con el gobierno dando a luz al paganismo religioso. La historia cuenta que luego de aquel período sangriento de persecución, el emperador Constantino supuestamente se convirtió al cristianismo, declarándolo religión oficial del imperio, lo cual trajo alegría a las iglesias debido a que significaba el fin de la persecución. No obstante, aquella mixtura dio inicio a un enemigo peor que la persecución, el paganismo y el secularismo, pues la iglesia se vio obligada a adoptar ciertos ritos y requisitos del imperio, como la veneración a las imágenes. De este modo, la iglesia perdió el enfoque y se dejó influenciar por el gobierno para dar inicio luego al catolicismo, una religión permeada por paganismo e idolatría. Debemos recordar que la iglesia nunca fue llamada a mezclarse con el gobierno, sino a influenciar al mundo con algo mayor: la predicación del evangelio.

En cuarto lugar, Tiatira representó el largo período de la iglesia medieval, entre los años 500 d. C. y los 1500 d. C., cuando precisamente el catolicismo comenzó e hizo de la iglesia algo pagano, adorando imágenes, vendiendo perdones y alejando a las personas del mensaje centrado en Cristo. Aun así, Dios guardó un remanente que se mantuvo fiel y no se dejó influenciar por «Jezabel» y sus abominaciones.

Sin embargo, de los años 1500 a los 1800 comenzó la época que la iglesia de Sardis representó, el tiempo de la iglesia reformada, cuando Dios levantó hombres como Martín Lutero para exponer las mentiras del catolicismo y recordar que somos salvos solo por la fe. Aunque con el tiempo la iglesia empezó a apagarse progresivamente, lo que condujo a muchos años de frialdad espiritual. Pero cuando llegó el Kairos de Dios, diferentes avivamientos comenzaron a sacudir el mundo entero en los años 1800 y 1900 para recordarle a la iglesia el poder de Dios y que Él seguía siendo el mismo del libro de Hechos.

Ahora bien, las dos iglesias restantes, Filadelfia y Laodicea, tienen un significado sobresaliente, porque todo indica que ambas representan proféticamente a las dos iglesias que caminarán paralelamente en el tiempo del fin, la iglesia santa y la iglesia apóstata. Ambas iglesias estarán presentes en el momento del arrebatamiento, pero una será tomada y la otra será dejada. Y creo firmemente que ya estamos viendo este fenómeno en medio nuestro, lo que yo llamo las dos iglesias paralelas del fin.

A través de numerosos pasajes de la Biblia vemos evidencia de esto. Por ejemplo, Jesús enseñó la parábola del trigo y la cizaña para mostrar que dentro del reino de Dios existe un grupo de personas verdaderas y otro de falsas, aunque solo Dios conoce quién es quién (Mt 13:24-30). También Jesús dijo en relación al fin de los tiempos: «Os digo que en aquella noche estarán dos en una cama; el uno será tomado, y el otro será dejado. Dos mujeres estarán moliendo juntas; la una será tomada, y la otra dejada. Dos estarán en el campo; el uno será tomado, y el otro dejado» (Lc 17:34-36). Y por último, en la parábola de las diez vírgenes (Mt 25:1), vemos que de las diez que esperaban al esposo cinco entraron y cinco no. Una vez más, hay evidencia de dos grupos paralelos, de los cuales uno es tomado y el otro dejado.

Lo que sucede es que dentro de los millones de personas por todo el mundo que se hacen llamar cristianas, en realidad están aquellos que son verdaderos hijos de Dios y viven para Él, y otros que o bien nunca han nacido de nuevo o sencillamente han apostatado de la fe, porque se apartaron de la verdad.

Filadelfia representa a ese primer grupo de fieles, aquellos cristianos que son parte de la iglesia santa del Señor, el remanente que, aunque quizás no tenga todos los recursos económicos de otras instituciones ni toda la pompa del mundo, es una iglesia rica para con Dios, porque se ha mantenido firme en santidad y pureza, predicando el evangelio sin cesar. Esta es la iglesia que se irá con Cristo en el arrebatamiento, por lo que se le promete: «He aquí, he puesto delante de ti una puerta abierta, la cual nadie puede cerrar» (Ap 3:8), y luego se le dice: «Yo también te guardaré de la hora de la prueba que ha de venir sobre el mundo entero, para probar a los que moran sobre la tierra» (Ap 3:10). Esa puerta abierta es tipo del arrebatamiento de la iglesia, a través del cual Cristo nos levantará para precisamente cumplir la segunda promesa que se le hace a Filadelfia, la de guardarla de la hora de la prueba. La iglesia de Filadelfia representa a los cristianos verdaderos que tienen aceite en sus lámparas, aquellos que viven para Dios y se irán en el arrebatamiento. Pero a esta iglesia también se le encomienda: «He aquí, yo vengo pronto; retén lo que tienes, para que ninguno tome tu corona» (Ap 3:11).

Laodicea, por otro lado, representa a la iglesia apóstata del fin, a aquel grupo de personas que se hacen llamar cristianas, pero cuyas vidas están totalmente alejadas de Dios debido a que viven en el pecado, la tibieza espiritual y apostatando de la fe en muchos casos. Esa es la iglesia que aunque conoce la Biblia y las profecías, no se irá con Cristo, porque será vomitada de su boca. La Biblia profetizó que antes de que viniera el anticristo, llegaría un tiempo de gran apostasía a la tierra (1 Ti 4:1; 2 Ts 2:3), y creo que ya lo estamos viendo. Numerosas congregaciones se han alejado de la verdad, permitiendo el pecado en sus púlpitos y enseñando un evangelio vano y carnal. Pablo advirtió sobre esto cuando dijo: «Porque vendrá tiempo cuando no sufrirán la sana doctrina, sino que teniendo comezón de oír, se amontonarán maestros conforme a sus propias concupiscencias, y apartarán de la verdad el oído y se volverán a las fábulas» (2 Ti 4:3-4). Del mismo modo, a nivel personal muchos se han convertido en cristianos tibios, sin santidad ni pasión por Dios.

No obstante, a pesar de todo, aun para la iglesia de Laodicea hay esperanza, porque Jesús le dice: «Yo reprendo y castigo a todos los que amo; sé, pues, celoso, y arrepiéntete» (Ap 3:19). Si hay alguien leyendo este libro y se siente alejado de Dios, déjeme decirle que usted no tiene que terminar como Laodicea, sino que hay esperanza en Cristo si usted se arrepiente de corazón y clama a Él.

Estimado hermano, la razón por la cual Dios inspiró a Juan a escribir los mensajes a estas siete iglesias en Apocalipsis es que Él sabía que su iglesia necesitaría una palabra que la despertara a fin de prepararse para su encuentro con el Señor. Y por eso vemos en todas las iglesias un llamado al arrepentimiento, la santificación y la fidelidad a Cristo. Porque Él quiere que la iglesia esté lista para su venida. Así que preparémonos y lavemos nuestras vestiduras en la sangre del Cordero para poder participar de todas las profecías gloriosas que estudiaremos a continuación.

Pero antes, lo quiero dejar con algunas preguntas que nos prepararán para iniciar el siguiente capítulo: si estamos ya en los días de las dos iglesias del fin, la de Filadelfia y la de Laodicea, ¿cuánto faltará entonces para el regreso del Señor? ¿Será que aún queda alguna profecía por cumplirse para que Cristo pueda regresar? ¿Seremos acaso la generación que verá el cumplimiento de todas estas profecías? En el siguiente capítulo consideraremos las señales que anuncian cuán cercanos estamos de su venida.

CAPÍTULO 2

Señales de su venida

¿Cuánto faltará para el regreso de Cristo? En primer lugar, es evidente que tenemos prohibido por parte del Señor ponerle una fecha exacta al arrebatamiento o a su segunda venida, porque Él mismo dijo: «Pero del día y la hora nadie sabe, ni aun los ángeles de los cielos, sino solo mi Padre» (Mt 24:36).

Siempre que alguien se atrevió a quebrantar esta ley divina, no solo cayó en la burla y el descrédito, sino que también fue de gran tropiezo para la iglesia, como en el caso de Miller, un predicador estadounidense que aseguró que Jesús regresaría para el 22 de octubre de 1844; esto causó una gran confusión, ya que nunca sucedió como predijo, además sirvió como base para el nacimiento de varias sectas con teologías erradas y una opinión sobre los acontecimientos del fin muy alejada de la verdad. Y todo porque la base misma de tales sectas provino de una falsa profecía sobre el regreso de Cristo. Por lo cual, es muy peligroso ponerle una fecha al regreso del Señor, ya que no sabemos el día, la hora, el mes o el año en que Él vendrá.

Sin embargo, sí creo que tenemos permiso de Dios en su Palabra para indagar al menos en cuanto al tiempo profético en que el Señor vendrá y saber en qué época profética nos ha tocado vivir, puesto que la Biblia nos da señales proféticas que podemos estudiar. Lamentablemente hay hermanos que han argumentado que no debemos estudiar las señales, porque de igual manera, según ellos, la Biblia dice que el regreso del Señor nos va a sorprender como ladrón; y se basan generalmente en el pasaje que dice: «El día del Señor vendrá así como ladrón en la noche» (1 Ts 5:2). No obstante, lo que estos hermanos ignoran es que Pablo no se está refiriendo ahí a los cristianos, sino a los impíos, a los cuales sí les va a sorprender la venida del Señor como un ladrón que llega de sorpresa en la noche. Podemos afirmar esto porque luego les dice a los cristianos en el mismo pasaje: «Mas vosotros, hermanos, no estáis en tinieblas, para que aquel día os sorprenda como ladrón. Porque todos vosotros sois hijos de luz e hijos del día; no somos de la noche ni de las tinieblas» (1 Ts 5:4-5). El contexto revela que el regreso del Señor sorprenderá a los incrédulos, pero no a los cristianos, y la razón es que no estamos en tinieblas, pues tenemos al Espíritu Santo que nos conduce a toda verdad (Jn 16:13). Además, también contamos con las Escrituras, que no solo nos advierten de todo lo que vendrá, sino que además nos proporcionan una serie de señales proféticas para que las analicemos y sepamos en qué tiempo nos ha tocado vivir.

En efecto, es curioso descubrir que los cristianos de este tiempo no somos los únicos que se interesaron por entender los tiempos proféticos, sino que hasta los justos del Antiguo Testamento tuvieron interés por saber en qué momento profético les había tocado vivir en relación con la primera venida del Mesías. La Palabra dice: «Los profetas que profetizaron de la gracia destinada a vosotros, *inquirieron y diligentemente indagaron* acerca de esta salvación, *escudriñando qué persona y qué tiempo* indicaba el Espíritu de Cristo que estaba en ellos, el cual anunciaba de antemano los sufrimientos de Cristo, y las glorias que vendrían tras ellos» (1 P 1:10-11, énfasis añadido).

Este poderoso pasaje nos muestra que aquellos grandes hombres de Dios del Antiguo Testamento supieron por revelación sobre el Mesías que vendría, como evidencia lo que Jesús dijo de Abraham: «Abraham vuestro padre se gozó de que había de ver mi día; y lo vio, y se gozó» (Jn 8:56). Además, vemos que ellos indagaron y escudriñaron para conocer en qué tiempo vendría el Cristo. Y aunque no se les dijo necesariamente cuándo esto ocurriría con exactitud, sí les fue revelado al menos que el cumplimiento de aquella profecía no era para su tiempo, sino para otras generaciones. Como podemos ver, Dios les dio permiso de escudriñar en cuanto a los tiempos proféticos y conocer qué tan lejanos o cercanos estaban de la promesa. Por lo tanto, creo sinceramente que a nosotros también se nos ha dado el permiso, no de especular en cuanto a la hora, el día, el mes o el año, pero sí de conocer el tiempo profético en que el Señor vendrá con el fin de saber si estamos cerca o lejos de su cumplimiento.

De hecho, al leer y estudiar las profecías bíblicas en cuanto al fin de los tiempos, no veo a Dios tratando de ocultar lo que sucederá, sino que más bien vemos el deseo de Dios de que su pueblo entienda las profecías del fin no solo para conocerlas, sino para que se prepare. La Biblia dice: «Porque no hará nada Jehová el Señor, sin que revele su secreto a sus siervos los profetas» (Am 3:7). A Dios siempre le ha placido revelar previamente todo lo que va a realizar, pero es nuestro deber escudriñar esos misterios proféticos para comprenderlos. Salomón dijo: «Gloria de Dios es encubrir un asunto; pero honra del rey es escudriñarlo» (Pr 25:2). El mismo apóstol Pablo nos animó en la carta a los Romanos, a conocer el tiempo en que estamos viviendo cuando dijo: «Y esto, conociendo el tiempo, que es ya hora de levantarnos del sueño; porque ahora está más cerca de nosotros nuestra salvación que cuando creímos» (Ro 13:11, énfasis añadido). Así que el deseo de Dios es que seamos entendidos en los tiempos y que no seamos ignorantes en cuanto a las profecías del fin.

Y ese es precisamente mi deseo en este capítulo: demostrar por qué creemos que pudiéramos ser la generación que experimente el arrebatamiento de la iglesia. Para esto, vamos a analizar varios pasajes de la Biblia, pero sobre todo el capítulo 24 del Evangelio de Mateo, donde se nos ofrecen varias señales que sucederían justo antes de la venida del Señor, las cuales estudiaremos a continuación.

La restauración de Israel

En primer lugar, una de las señales proféticas más importantes sobre el fin es la restauración de Israel como nación, porque como alguien bien dijo, Israel es el reloj profético de Dios. ¡Permítame explicarle por qué!

Cuando Jerusalén fue destruida por el general romano Tito en el año 70 d. C., tanto la ciudad como el hermoso templo construido por Zorobabel quedaron destruidos e irreconocibles, así como Jesús lo había profetizado (Mt 24:2). De ese momento en adelante, comenzó uno de los períodos más terribles para los judíos, porque no solo se quedaron sin tierra, sin hogar y sin patria, sino que tuvieron que esparcirse por todo el mundo. Sin embargo, donde quiera que fueran, encontraban calamidad, persecución y antisemitismo. Es alarmante saber que muy probablemente la razón de semejante calamidad no solo fue rechazar al Mesías, sino las palabras que le dijeron a Pilato en cuanto a él: «Su sangre sea sobre nosotros, y sobre nuestros hijos» (Mt 27:25). Al decir estas palabras, Israel pidió que cayera sobre ellos y sus próximas generaciones la culpa de la muerte del Señor. Y el resultado fue siglos de mucho sufrimiento.

Parte de ese sufrimiento vino como consecuencia de la ignorancia de la iglesia católica, que acusara a los judíos de matar al Mesías, provocando así la ira de muchos en contra de ellos sin comprender que todo se trató de un plan de Dios para salvar a los gentiles. Aquel mensaje de odio se esparció por todo el mundo a tal nivel, que muchos judíos fueron expulsados de diferentes países, como por ejemplo cuando los reyes Fernando e Isabel expulsaron a todos los judíos de España el día 31 de marzo de 1492, sin tener permiso de llevarse sus pertenencias. También sabemos de la triste masacre conocida como el Holocausto, en el cual aquel líder endemoniado llamado Hitler mató a más de seis millones de judíos en los campos de concentración y sus cámaras de gas. Los judíos quedaron sin tierra, bandera ni patria, y donde quiera que llegaran eran odiados y perseguidos. Se puede decir que la nación de Israel quedó metafóricamente como un valle lleno de huesos secos, lo cual nos recuerda la profecía de Ezequiel 37, donde el profeta dice:

> La mano de Jehová vino sobre mí, y me llevó en el Espíritu de Jehová, y me puso en medio de un valle que estaba lleno de huesos. Y me hizo pasar cerca de ellos por todo en derredor; y he aquí que eran muchísimos sobre la faz del campo, y por cierto secos en gran manera. Y me dijo: Hijo de hombre, ¿vivirán estos huesos? Y dije: Señor Jehová, tú lo sabes (Ez 37:1-3).

Aquellos huesos secos ilustraban la casa de Israel, que iba a quedar asolada, sin vida ni esperanza. Y así le sucedió a esa amada nación. Nadie hubiera pensado que se volvería a levantar, ni que tendrían de nuevo una tierra y una patria. No obstante, en aquella visión de Ezequiel se había profetizado que los huesos revivirían y se levantarían otra vez. Por lo cual dice:

Así ha dicho Jehová el Señor a estos huesos: He aquí, yo hago entrar espíritu en vosotros, y viviréis. Y pondré tendones sobre vosotros, y haré subir sobre vosotros carne, y os cubriré de piel, y pondré en vosotros espíritu, y viviréis; y sabréis que yo soy Jehová (Ez 37:5-6).

Y luego añade:

He aquí yo abro vuestros sepulcros, pueblo mío, y os haré subir de vuestras sepulturas, y os traeré a la tierra de Israel. Y sabréis que yo soy Jehová, cuando abra vuestros sepulcros, y os saque de vuestras sepulturas, pueblo mío. Y pondré mi Espíritu en vosotros, y viviréis, y os haré reposar sobre vuestra tierra; y sabréis que yo Jehová hablé, y lo hice, dice Jehová (Ez 37:12-14).

Mi estimado hermano, toda aquella gloriosa visión de Ezequiel, aunque pudo haber tenido algún doble cumplimiento a corto plazo, es obvio que apuntaba escatológicamente a la restauración final de Israel, porque un capítulo antes de aquella visión, Dios había prometido:

Y yo os tomaré de las naciones, y os recogeré de todas las tierras, y os traeré a vuestro país.

Esparciré sobre vosotros agua limpia, y seréis limpiados de todas vuestras inmundicias; y de todos vuestros ídolos os limpiaré. Os daré corazón nuevo, y pondré espíritu nuevo dentro de vosotros; y quitaré de vuestra carne el corazón de piedra, y os daré un corazón de carne. Y pondré dentro de vosotros mi Espíritu, y haré que andéis en mis estatutos, y guardéis mis preceptos, y los pongáis por obra (Ez 36:24-27).

Y precisamente eso fue lo que sucedió el 14 de mayo de 1948. En contra de todo pronóstico, a las 4:00 p.m., David Ben-Gurión declaró a Israel como un estado independiente, con patria y bandera, tomando posesión de la heredad que Dios le había prometido a Abraham y dado a su descendencia. Y millares de judíos comenzaron a regresar a su tierra desde los cuatro puntos cardinales, como la profecía lo había predicho. Así, Dios restauró a la nación de Israel con el mismo poder que había mostrado en Egipto en el libro de Éxodo. Hoy Israel es una nación fuerte política, económica y militarmente, pero falta el soplo del Espíritu sobre ellos para que acepten al Mesías, lo cual sucederá al final de la gran tribulación. No obstante, hablaremos más sobre el tema en un próximo capítulo.

Ahora bien, ¿por qué tiene esto tanta relevancia en cuanto a las profecías del fin? Es curioso que cada uno de los acontecimientos sobrenaturales que han sucedido en el mundo siempre haya estado vinculado directamente con Israel o alguna fecha especial para ellos. Dios ha usado a esa nación y lo que en ella sucede como una señal profética para que sepamos en qué momento estamos viviendo. Y resulta que esta restauración política no es un hecho que se pueda pasar por alto, sino que se trata de una profecía dada por Jesús en Mateo 24 y Lucas 21, que señala la llegada del tiempo del fin. Analicemos el siguiente pasaje:

> También les dijo una parábola: Mirad la higuera y todos los árboles. Cuando ya brotan, viéndolo, sabéis por vosotros mismos que el verano está ya cerca. Así también vosotros, cuando veáis que suceden estas cosas, sabed que está cerca el reino de Dios. De cierto os digo, que no pasará esta generación hasta que todo esto acontezca (Lc 21:29-32).

En este pasaje profético, la higuera representa a la nación de Israel y los árboles son tipo de las naciones de la tierra. Dios compara a Israel con una higuera, una vid o una viña en varios pasajes del Antiguo Testamento (Is 5:7; Jer 24:5; Lc 13:6-7). Y como podemos ver, aquí se nos manda a observar a Israel y a las naciones, porque ahí mismo se profetiza que la higuera reverdecería un día luego de sus devastaciones. La versión del Evangelio de Mateo sobre este pasaje dice así:

> De la higuera aprended la parábola: Cuando ya su rama está tierna, y brotan las hojas, sabéis que el verano está cerca. Así también vosotros, cuando veáis todas estas cosas, conoced que está cerca, a las puertas (Mt 24:32-33).

Note que Jesús menciona el reverdecer de la higuera como una señal de su pronto regreso. Y añade un dato más que me pone los pelos de punta, y es cuando dice: «De cierto os digo, que no pasará esta generación hasta que todo esto acontezca» (v. 34). Este último versículo ha hecho pensar mucho a los teólogos, porque si Jesús se estaba refiriendo a aquella generación, entonces tendríamos que admitir que la segunda venida de Cristo sucedió en aquella época y Apocalipsis no es un libro futurista. Sin embargo, ese no es el caso.

Más bien, todo indica que cuando Jesús habló de «esta generación» se refería a la generación que vería la restauración de Israel como nación, lo cual nos pone en gran alerta profética, porque apunta a nosotros como esa generación que vio el reverdecimiento de Israel.

Analice esto conmigo: según los teólogos, una generación dura entre cuarenta, setenta y cien años. Algunos dicen que una generación debe durar setenta u ochenta años, porque Moisés dijo: «Los días de nuestra edad son setenta años; y si en los más robustos son ochenta años» (Sal 90:10). No obstante, otros nos inclinamos más a pensar que una generación bíblica, en cuanto a tiempos proféticos, dura alrededor de cien años. Y para esto nos basamos en el pasaje donde Dios le dice a Abraham que su descendencia iba a ser esclavizada en Egipto, pero que «en la cuarta generación volverán acá» (Gn 15:16). Cuando leemos el libro de Éxodo, vemos que la esclavitud de Israel en Egipto duró cuatrocientos treinta años, lo cual indica que Dios se refirió a cuatro generaciones como si abarcaran aproximadamente este período de tiempo.

Pero, ¿por qué hago énfasis en esto? Porque si Israel fue restaurado en el año 1948, y Jesús dijo que «la generación» que viera esa restauración sería la que presenciaría la segunda venida de Cristo, todo nos lleva a pensar que no faltarían demasiados años para que el Señor regrese. Evidentemente, como ya advertí al principio de este capítulo, no debemos hacer cálculos para fijar un año en el cual Cristo regresará, ni establecer una fecha límite para su regreso. Solo digo que es muy probable que seamos la generación que vea el arrebatamiento de la iglesia. ¡Aleluya!

Falsos Cristos

Una segunda señal que encontramos en Mateo 24 es la aparición de muchos falsos Cristos que intentan engañar a las personas. Así advirtió el Señor: «Mirad que nadie os engañe. Porque vendrán muchos en mi nombre, diciendo: Yo soy el Cristo; y a muchos engañarán» (Mt 24:4-5). Evidentemente, a través de la historia siempre ha habido diversos personajes que se han promovido como los salvadores del mundo buscando fama, admiración y audiencia. En el libro de Hechos vemos que el anciano Gamaliel menciona a Teudas y a Judas el galileo como algunos de aquellos líderes revolucionarios que se habían levantado en su tiempo, prometiendo ser alguien que lideraría al pueblo (Hch 5:36-37). Sin embargo, creo que la advertencia de Jesús en este pasaje no tiene que ver tanto con los mesías políticos que se levantarían en la historia, sino que más bien está refiriéndose a aquellos personajes que se iban a hacer pasar por Jesús, diciendo que eran la reencarnación de la segunda venida de Cristo. Y es llamativo ver la cantidad de personas de este tipo que han surgido en el último siglo.

Por ejemplo, en 1948 hubo un hombre llamado Krishna Venta, quien fundó una secta llamada «Fuente de la sabiduría, el conocimiento, la fe y el amor» y declaró ser el Cristo, el nuevo mesías que había venido de otro planeta. Este personaje comenzó a dar falsas profecías sobre sucesos que ocurrirían, pero ninguna de estas se cumplió, y murió finalmente en 1958 asesinado por dos de sus antiguos seguidores por supuestamente haber abusado de sus esposas. En la China, en los años 1900, otro falso Cristo surgió. Esta vez fue una mujer, quien dijo ser la reencarnación de Jesús basándose en el pasaje que dice: «Porque como el relámpago que sale del oriente y se muestra hasta el occidente, así será también la venida del Hijo del Hombre» (Mt 24:27). Según esta mujer, ese relámpago al cual se refirió Jesús era ella, que salía del oriente del mundo, siendo la segunda aparición de Cristo, pero ahora en cuerpo de mujer. Ella fundó una secta que todavía sigue vigente hoy, pero que ha sido foco de distintos escándalos. Y así como estos tristes ejemplos tenemos muchos otros, como aquel señor de apellido Miranda, que surgiera en Miami en el año 2000 proclamando ser Cristo Jesús reencarnado y también el anticristo, tatuando a las personas con la inscripción «666». Este último afirmó que había tenido una visión de dos ángeles que le dijeron que Jesús se reencarnaría en él.

En fin, todos estos casos y otros muchos que no tengo tiempo de compartir son ejemplos de falsos Cristos que se han levantado en este último tiempo, haciendo incluso hasta señales. Y el hecho de que hayamos estado viendo un aumento de ellos en este último siglo nos avisa que estamos muy cerca del regreso del Señor.

Falsos profetas

Jesús no solamente advirtió de los falsos Cristos que se levantarían al final de los tiempos, sino también de los falsos profetas, aquellos lobos que vendrían vestidos de ovejas para engañar a la iglesia. Él dijo: «Y muchos falsos profetas se levantarán, y engañarán a muchos» (Mt 24:11). Esta profecía va de la mano con lo que advirtió el apóstol Pedro en su segunda carta, cuando declaró:

> Pero hubo también falsos profetas entre el pueblo, como habrá entre vosotros falsos maestros, que introducirán encubiertamente herejías destructoras, y aun negarán al Señor que los rescató, atrayendo sobre sí mismos destrucción repentina. Y muchos seguirán sus disoluciones, por causa de los cuales el camino de la verdad será blasfemado, y por avaricia harán mercadería de vosotros con palabras fingidas (2 P 2:1-3).

Estos falsos profetas son aquellos predicadores, maestros y pastores que aunque hablan de la Palabra, lo hacen de manera errónea, enseñando falsas doctrinas que alejan a las personas de la salvación y la verdadera fidelidad a Cristo. Una de esas falsas doctrinas que está de moda en nuestro tiempo es el cristianismo progresivo, un movimiento que se propone deconstruir la fe y el evangelio como lo hemos recibido. «Deconstruir» es una palabra que significa deshacer analíticamente algo para darle una nueva estructura, y esa corriente lo que se propone es precisamente que pongamos en duda las doctrinas fundamentales que hemos recibido y reanalicemos los pasajes de la Biblia para darles una nueva interpretación que se acomode a nuestros tiempos y cultura.

Esta corriente hereje presenta como primera característica que pone en duda la Biblia y tiene una opinión muy rebajada de las Escrituras. La misma afirma que la Biblia no es la Palabra de Dios, sino que contiene la Palabra de Dios, por lo que podemos, según ellos, aceptar algunas cosas y otras no. Y producto de ese errado punto de vista sobre la Biblia, es común ver a predicadores poniendo en duda la autenticidad o doctrina de escritores como Pablo, diciendo que no están de acuerdo con él en algún pasaje o que la Biblia pasó por muchas manos y es difícil saber la verdad sobre algún asunto. Además, el cristianismo progresivo relativiza todo bajo el factor de los sentimientos, las experiencias y la cultura para modificar la Palabra, cuando la doctrina bíblica nunca se debe relativizar a sentimientos, porque la Palabra de Dios es una sola y no cambia.

En fin, lamentablemente, gran cantidad de falsos profetas se están levantando en este último tiempo, lo cual es parte del cumplimiento de la profecía. Pero me llama la atención que en ambos casos, cuando Jesús habló de los falsos Cristos y los falsos profetas, dijo que lograrían engañar a muchos (Mt 24:5, 11). Es por esto que el Señor comienza su sermón escatológico diciendo: «Mirad que nadie os engañe» (Mt 24:4).

La razón por la cual muchos están cayendo en las garras de los falsos Cristos y los falsos profetas es que no leen la Palabra de Dios, ya que estamos frente a la generación que menos lee la Biblia. Y eso ha provocado que muchos, aunque lleven veinte años en la iglesia, estén aún en pañales espirituales, como dijo el escritor de Hebreos: «Porque debiendo ser ya maestros, después de tanto tiempo, tenéis necesidad de que se os vuelva a enseñar cuáles son los primeros rudimentos de las palabras de Dios; y habéis llegado a ser tales que tenéis necesidad de leche, y no de alimento sólido» (Heb 5:12).

Por lo tanto, estimado lector, lo animo a que lea mucho la Palabra del Señor, porque será lo único que le ayudará a no dejarse engañar por los falsos maestros y a permanecer firme en la doctrina correcta hasta el final.

Guerras y rumores de guerras

Otra señal que Jesús mencionó en Mateo 24 es la acumulación de diversas guerras y rumores de guerras. Así dijo el Señor: «Y oiréis de guerras y rumores de guerras; mirad que no os turbéis, porque es necesario que todo esto acontezca; pero aún no es el fin. Porque se levantará nación contra nación, y reino contra reino» (Mt 24:6-7).

Es cierto que el tema de las guerras no es nada nuevo, ya que siempre ha habido conflictos a través de toda la historia. Pero no podemos negar que en este último siglo hemos sido testigos de las guerras más terribles y devastadoras que jamás se habían visto, y me estoy refiriendo a la Primera Guerra Mundial (1914) y también a la Segunda (1939), las cuales no solo involucraron a muchas naciones, sino que también cobraron la vida de muchas personas, cerca de ochenta millones en total. ¡Jamás había sucedido algo así tan masivo y en tan poco tiempo! Y aunque diversos tratados de paz fueron firmados con el propósito de tener paz en el mundo, no tardaron en comenzar los primeros conflictos, como el de Irak e Irán, la guerra de Vietnam, la de las Malvinas, las diversas guerras entre Israel y sus enemigos, y muchos más. También hemos visto en estas décadas pasadas diversas guerras civiles en países como Estados Unidos, Cuba, Costa Rica, Guatemala y Etiopía, entre otros. En fin, la lista es interminable.

Actualmente, el mundo se encuentra al borde de lo que muchos temen pudiera ser una Tercera Guerra Mundial debido a la tensión que existe con países polémicos como Rusia, China, Corea del Norte, Estados Unidos, y especialmente el conflicto en el Medio Oriente entre Israel y los países árabes. Hay que señalar que en caso de darse tal guerra, sería letal debido a las nuevas armas de destrucción masiva que las naciones tienen hoy. Por lo tanto, el mundo está en zozobra. ¡Sin embargo, todo esto es una señal que anuncia que Cristo viene pronto!

Pestes y hambres

Una quinta señal que Jesús mencionó es el aumento de las pestes y hambrunas en el mundo. Él dijo así: «Y habrá pestes, y hambres, y terremotos en diferentes lugares» (Mt 24:7). Al igual que las guerras, las pandemias han cobrado millones de vidas de una manera atroz. La «peste negra», por ejemplo, mató a casi doscientos millones en el siglo catorce. La viruela mató a más de cincuenta y seis millones de personas, teniendo una tasa de mortalidad de un treinta por ciento y afectando especialmente a los niños y bebés en el siglo dieciséis. La gripe española también fue una pandemia terrible que mató a más de cuarenta millones de personas en el siglo veinte. Y resulta que hoy, cuando pensábamos que estábamos más seguros, de repente surge el Covid-19, una terrible pandemia que según los científicos cobró la vida de más de quince millones de personas. Y lo que resulta peor es que algunos prevén que pudiera venir otra pandemia pronto.

También la inflación y las hambrunas son una gran amenaza para el mundo de hoy, como Jesús ya lo había anunciado. Recientemente estuve leyendo las noticias de algunos de los periódicos más reconocidos del mundo, donde expertos advierten sobre una posible hambruna e inflación que pudiéramos vivir en los próximos años. En la actualidad estamos viendo ya los inicios de esta crisis en el aumento del precio de la gasolina, los productos y en especial los alimentos. Uno de los informes dice que el precio de los cereales aumentó un 70% y el del aceite hasta un 137%, mientras que el índice general de precios de los alimentos ha subido un 58%. Todo esto pudiera traer hambre y escasez para el mundo. Y el hecho de que esté sucediendo al mismo tiempo y cada vez más es una señal de lo cerca que estamos del regreso del Señor.

Terremotos

Sin duda, una de las señales que más estamos viendo en estos últimos años es la de diversos terremotos por todo el mundo. Jesús dijo: «Porque se levantará nación contra nación, y reino contra reino; y habrá pestes, y hambres, y terremotos en diferentes lugares» (Mt 24:7).

Al igual que guerras, siempre ha habido temblores de tierra en diversas partes del mundo, e incluso la Biblia relata varios terremotos de la historia, como el de Jerusalén en el tiempo de Uzías (Am 1:1; Zac 14:5). Pero no cabe duda de que en este último siglo hemos visto un aumento de numerosos y cada vez más devastadores temblores por todo el mundo. Como por ejemplo, el de Chile el 22 de mayo de 1960, el cual llegó a la magnitud de 9.5 º. También tenemos el caso del terremoto en el Océano Índico el 26 de diciembre de 2004, el cual provocó una serie de tsunamis que causaron la muerte de unas 230.270 personas en total. Solamente en el principio del año 2023 ya hemos visto numerosos terremotos como el de Ecuador, las Filipinas, y especialmente los dos terremotos desastrosos sucedidos en Turquía y Siria en el mes de febrero, que dejaron más de 59,000 fallecidos.

Todos estos terremotos han sido permitidos por Dios para darle señales a la humanidad de que es momento de arrepentirse, porque el tiempo está cerca. Sin embargo, la gente sigue entretenida en sus deleites sin buscar a Dios. Muy pronto la tierra temblará otra vez en Jerusalén, pero entonces será muy tarde, porque el terremoto ocurrirá cuando Cristo ponga sus pies en el monte de los Olivos en su regreso.

Lunas de sangre

Así mismo, no solamente la tierra está dando señales de que el Señor está cerca, sino que la Biblia también profetiza que veríamos cosas terribles sucediendo en los cielos. Estas cosas son algunas de las que más aterrorizan al hombre, quizás porque él se siente «sabio y conocedor» de lo que hay en la tierra, pero lo que sucede en los cielos y el espacio sigue siendo un misterio. Y resulta que una de las maneras a través de las cuales a Dios le gusta dar señales sobre algún gran acontecimiento que esté a punto de suceder es por medio de los fenómenos celestiales. Si recordamos bien, cuando Jesús nació, Dios guió a los magos del oriente a través de una estrella atípica, brillante y aparentemente nunca antes vista (Mt 2:2). Aquel fenómeno en el cielo señalaba la llegada de un nuevo tiempo profético. Y del mismo modo, los cielos serán usados por Dios en el tiempo del fin para revelar que «este siglo» está llegando a su consumación.

El apóstol Pedro citó en Pentecostés la profecía de Joel para el tiempo del fin diciendo así: «Y daré prodigios arriba en el cielo, y señales abajo en la tierra, sangre y fuego y vapor de humo; el sol se convertirá en tinieblas, y la luna en sangre, antes que venga el día del Señor, grande y manifiesto» (Hch 2:19-20). También Jesús profetizó acerca de esto en Mateo 24 cuando dijo: «E inmediatamente después de la tribulación de aquellos días, el sol se oscurecerá, y la luna no dará su resplandor, y las estrellas caerán del cielo, y las potencias de los cielos serán conmovidas» (Mt 24:29).

Ambos pasajes están hablando de las señales que se verán en los cielos cuando Cristo Jesús regrese (Ap 6:12-16), pero aun así, ya estamos viendo «tipos» de ese acontecimiento, señales que aunque no son el cumplimiento final, sí anuncian que nos estamos acercando al regreso de Cristo. Note que Joel habló sobre «prodigios» en plural (Jl 2:30-31), por lo que vemos que no solo habrá un suceso en particular, sino distintas señales que conducirían a la final y última.

Y una de esas señales estremecedoras son las lunas de sangre, las cuales ocurren cuando la tierra se interpone entre el sol y la luna, ocurriendo un eclipse, pero con la diferencia de que los rayos del sol traspasan la atmósfera de la tierra en su circunferencia, reflejando en la luna un color rojizo. Para que esto suceda, el eclipse no solo debe cubrir la luna en su totalidad, sino que también dependerá de la cantidad de polvo que haya en la atmósfera terrestre, porque eso definirá la intensidad del color que se refleje en la luna. Y aunque estos eclipses rojos no son algo nuevo, sí son muy proféticos, pues apuntan a lo que se verá en la gran tribulación, pero sobre todo porque casi siempre coinciden con sucesos difíciles para la nación de Israel, tanto así que en el Talmud judío se habla de las lunas de sangre como una señal de mal augurio.

Así que, cuando suceden cuatro de estos eclipses lunares sucesivos, sin eclipses parciales por el medio y separados entre sí solamente por seis meses, se trata de un acontecimiento extraño conocido como «tétrada de lunas de sangre», el cual tiene gran importancia profética, ya que también ha coincidido con eventos trascendentales para la nación de Israel. Por ejemplo, en el año 1492 cuando los judíos fueron expulsados de España, hubo una tétrada de lunas de sangre. También en 1948, cuando Israel fue declarado estado independiente, hubo otra tétrada de lunas de sangre. Y en 1967, cuando la guerra de los Seis Días, donde Israel se vio atacado por una terrible coalición de enemigos árabes, hubo una tétrada de lunas de sangre también.

Pues resulta que en el 2014 y 2015 tuvo lugar otra tétrada de lunas de sangre luego de muchos años. Sin embargo,
lo curioso es que cada eclipse lunar coincidió con alguna fiesta
judía. La primera luna de sangre que hubo en el 2014 se produjo en Pésaj (la Pascua). La segunda fue el 8 de octubre, que
coincidió con la fiesta de Sucot (de los tabernáculos). Después,
apareció la tercera justamente en la fiesta de Pésaj del 2015. Y
la última ocurrió nuevamente en Sucot en ese mismo año. Se
dice que este fenómeno de que cuatro lunas de sangre conti-
nuas coincidan con los días de fiestas judías en un período de
dos años es algo muy raro y que solo había ocurrido siete veces
en toda la historia, por lo que esta pasada sería la octava vez. Se
trata de algo muy profético, porque en la Biblia el número ocho
significa «nuevo comienzo». Cuando el diluvio vino sobre la tierra, vemos que solo fueron salvadas ocho personas. También
la circuncisión del prepucio de los niños hebreos se realizaba
en el día octavo del nacimiento, lo cual tipificaba la circuncisión
del corazón que Cristo hace en el creyente en el momento en
que nace de nuevo y tiene un nuevo comienzo (Col 2:11). En fin,
el número ocho tipifica nuevo comienzo, y quizás esta octava
tétrada de lunas de sangre coincidiendo con las fiestas judías
es una señal de que se está acercando el día cuando Jesús regresará y lo hará todo nuevo, como Él mismo dijo en Apocalipsis: «He aquí, yo hago nuevas todas las cosas» (Ap 21:5).

El aumento de la ciencia

Hay otra señal que, aunque no la encontramos en Mateo 24,
sí la vemos en el libro de Daniel, y es el aumento de la ciencia.

La profecía dice así: «Muchos correrán de aquí para allá, y la ciencia se aumentará» (Dn 12:4). Es impresionante ver cómo la ciencia se ha desarrollado en este último siglo a pasos agigantados. Lo que la humanidad no había podido conseguir en siglos, en tan solo unos pocos años se ha hecho una realidad. Por ejemplo, en 1903 se inventaron los aviones, lo cual ha contribuido a que la gente pueda viajar de un lugar a otro. En 1928 se descubrieron las capacidades antibióticas de la penicilina, que trajeron avances importantísimos en la medicina, la salud y la calidad de vida de las personas. En el año 1983 nació la tecnología de internet, que cambiaría el mundo para siempre. Y un año después, en 1984, se vio el primer teléfono móvil de la historia.

En fin, hemos visto en este último siglo múltiples avances, sin contar con los que se habían realizado en años previos, como por ejemplo la telefonía (1876). Hoy en día contamos con una tecnología impresionante que nos permite comprar productos con solo hablarle a un dispositivo, abrir una puerta con la huella digital, y hasta manejar carros totalmente eléctricos. Y todo esto es el cumplimiento de la profecía que anunciaba cómo sería el mundo para el tiempo del fin.

El aumento de la maldad

El aumento de la maldad y el pecado en el mundo también es una gran señal que Jesús predijo: «Por haberse multiplicado la maldad, el amor de muchos se enfriará» (Mt 24:12). El apóstol Pablo comparó la maldad del mundo con la oscuridad de la noche cuando dijo: «La noche está avanzada, y se acerca el día. Desechemos, pues, las obras de las tinieblas, y vistámonos las armas de la luz» (Ro 13:12). En ambos pasajes podemos observar que se está hablando de un incremento de la maldad en las personas a medida que nos acercáramos al fin. Así como la noche tiene momentos de mayor claridad y oscuridad, también está profetizado en la Palabra que el pecado aumentaría en la tierra para el tiempo del fin. La Biblia menciona dos momentos en la historia de la humanidad cuando hubo tanto pecado en la tierra que Dios determinó enviar un juicio repentino y destruir a los pecadores. Y me estoy refiriendo al tiempo de Noé y luego al de Lot. En el primer caso, en el tiempo de Noé, había tanta maldad que la Biblia dice: «Y vio Jehová que la maldad de los hombres era mucha en la tierra, y que todo designio de los pensamientos del corazón de ellos era de continuo solamente el mal» (Gn 6:5). Yo me pregunto cómo habría estado aquella generación de perdida, que se afirma que todos sus pensamientos eran continuamente cosas que desagradaban a Dios. El resultado fue que Dios dijo: «Raeré de sobre la faz de la tierra a los hombres que he creado, desde el hombre hasta la bestia, y hasta el reptil y las aves del cielo; pues me arrepiento de haberlos hecho» (Gn 6:7). Sin embargo, la Palabra continúa diciendo: «Pero Noé halló gracia ante los ojos de Jehová» (Gn 6:8).

Por otro lado, tenemos el caso de la comunidad impía de Sodoma y Gomorra, entre otras ciudades de la región en el tiempo de Lot. Estas grandes ciudades eran el centro principal de la inmoralidad sexual, en especial de la homosexualidad. Cuando Lot hizo pasar a los dos ángeles con apariencia humana a su hogar para hospedarlos, los hombres perversos de la ciudad tocaron a la puerta con violencia a fin de que sacara a aquellos dos varones para «conocerlos» (Gn 19:5), lo cual se refería a violarlos. Fíjese cuánta maldad había en ellos, que aunque Lot les propuso darles a sus dos hijas, no quisieron, pues preferían estar con hombres. ¡Cuánta maldad y pecado! Es por eso que Dios destruyó Sodoma y Gomorra con fuego y azufre (Gn 19:24-28).

Ahora bien, cuando Jesús habló sobre cómo estaría el mundo para el fin de los tiempos, dijo que estaríamos igual que en los días de Noé y Lot: «Mas como en los días de Noé, así será la venida del Hijo del Hombre» (Mt 24:37). Y también señaló: «Asimismo como sucedió en los días de Lot; comían, bebían, compraban, vendían, plantaban, edificaban; mas el día en que Lot salió de Sodoma, llovió del cielo fuego y azufre, y los destruyó a todos. Así será el día en que el Hijo del Hombre se manifieste» (Lc 17:28-30). Esto nos enseña que en el tiempo del fin el mundo será igual de corrupto y perverso que en los días de Noé y Lot. Y lo estamos viendo ya, porque nunca antes hubo tantos homicidios, robos, promiscuidad y avaricia en toda la tierra, mientras que los gobiernos cada año aprueban más leyes en contra de la Biblia y a favor de pecados que Dios aborrece.

Y como resultado de tanta maldad, el amor de muchos se ha enfriado. La generación que está naciendo ahora no sabe nada de valores morales, ni respeto, ni amor al prójimo. El pecado ha causado que las personas sean como el apóstol Pablo profetizó: «Habrá hombres amadores de sí mismos, avaros, vanagloriosos, soberbios, blasfemos, desobedientes a los padres, ingratos, impíos, sin afecto natural, implacables, calumniadores, intemperantes, crueles, aborrecedores de lo bueno, traidores, impetuosos, infatuados, amadores de los deleites más que de Dios» (2 Ti 3:2-4). Y todo esto anuncia que Cristo viene pronto para levantar a su iglesia y retribuir a los malos por su maldad.

La expansión del evangelio

Una última señal del fin que Jesús mencionó en Mateo 24 es la propagación y expansión del evangelio por todo el mundo. «Y será predicado este evangelio del reino en todo el mundo, para testimonio a todas las naciones; y entonces vendrá el fin» (Mt 24:14). Evidentemente, la gran comisión que el Señor le encargó a su iglesia antes de ir al cielo fue la de predicar el evangelio a toda criatura y hacer discípulos por todo el mundo, comenzando desde Jerusalén. Los discípulos llevaron a cabo tal comisión, predicando la palabra de Dios por toda Jerusalén, Judea, Samaria, Asia Menor y toda la región que pudieron abarcar. Pero ciertamente nunca se había podido predicar el evangelio en todos los países y aldeas del mundo a pesar de tantos viajes misioneros. No obstante, la tecnología trajo la posibilidad de que la palabra de Dios llegara a todos los países y ciudades del mundo a través de la televisión, la radio y las redes sociales. El evangelio se ha expandido en los últimos años de una manera impresionante, penetrando aún la ventana 1040 y los lugares más recónditos de la tierra. Y como Jesús dijo, cuando eso sucediera, entonces vendría el fin.

Estimado amigo, como hemos podido ver, todas las señales que la Biblia dijo que sucederían ya las estamos viendo ocurrir en medio nuestro de manera simultánea. Por lo cual, no puede quedarnos ninguna duda de que el Señor está a las puertas y que pudiéramos ser quizás la generación que vea el cumplimiento de las profecías de Apocalipsis. No obstante, ¿cuál de las profecías sucederá primero? ¿Cuál es el orden correcto de las profecías del fin? En el siguiente capítulo aprenderemos sobre esto.

CAPÍTULO 3

El arrebatamiento de la iglesia

Al estudiar las profecías bíblicas, hay algunos acontecimientos de suma importancia como la segunda venida de Cristo, un suceso real que tendrá lugar cuando Jesús regrese a la tierra literalmente para reinar con su iglesia por mil años. También sabemos que previo a esa segunda venida se manifestará un hombre llamado anticristo, que reinará en la tierra durante siete años. Además, tenemos conocimiento de que en la segunda mitad de esos siete años caerá la ira de Dios en lo que se conoce como «la gran tribulación». Más adelante en el libro estudiaremos todas esas profecías a fondo.

Sin embargo, creemos que el suceso que dará inicio a todas esas profecías, o sea, el primero en suceder, será el arrebatamiento de la iglesia, una enseñanza bíblica muy amada por los cristianos, pero también polémica y controversial debido a ciertos maestros que se han opuesto a ella. Por lo tanto, en este capítulo me propongo enseñar por medio de la Palabra de Dios en qué consiste la doctrina del arrebatamiento, en qué se diferencia de la segunda venida de Cristo y, sobre todo, por qué creemos que sucederá antes de los siete años de tribulación y la gran tribulación. Y para facilitar esta enseñanza, permítame adelantarle que en ocasiones usaremos la palabra «rapto» para referirnos al arrebatamiento, ya que aunque el término no se encuentra en la Biblia, sí es válido usarlo, pues en la traducción de la palabra griega que se traduce como arrebatamiento, harpazó, aparece «rapto» como sinónimo.

¿Qué es el arrebatamiento de la iglesia?

En primer lugar, necesitamos aprender qué es el rapto y cómo será, para lo cual vamos a leer uno de los pasajes más explícitos en cuanto a esta doctrina, donde el apóstol Pablo dice así:

> Porque el Señor mismo con voz de mando,
> con voz de arcángel, y con trompeta de Dios,
> descenderá del cielo; y los muertos en Cristo

resucitarán primero. Luego nosotros los que vivimos, los que hayamos quedado, seremos arrebatados juntamente con ellos en las nubes para recibir al Señor en el aire, y así estaremos siempre con el Señor (1 Ts 4:16-17).

Este pasaje enseña que cuando Cristo Jesús suene la trompeta, en el día y la hora que nadie sabe, vendrá en las nubes de manera invisible, secreta e inminente, y sucederán simultáneamente dos acontecimientos gloriosos que sacudirán al mundo como nunca antes. Y el primero de ellos será la resurrección de todos los santos, cuando sus almas descenderán del cielo para tomar sus cuerpos resucitados.

Lamentablemente, este es un tema que ha generado gran confusión debido a los falsos maestros de ciertas sectas, los cuales han enseñado que el alma del creyente se duerme en el momento de la muerte. Sin embargo, eso es falso, porque la Biblia evidencia que el alma de los cristianos va directamente a la presencia del Señor cuando el cuerpo muere. El mismo Pablo dijo: «Porque de ambas cosas estoy puesto en estrecho, teniendo deseo de partir y estar con Cristo, lo cual es muchísimo mejor» (Fil 1:23). La razón por la cual Pablo se refiere a la muerte como un «partir», y de que además tuviera tanto anhelo por que llegara ese momento, es que él estaba seguro de una gran verdad: que el alma de la persona que muere en Cristo viaja directamente a la presencia de Dios en el momento de su fallecimiento. Es hermoso saber que las almas de todos nuestros hermanos santos que han muerto, aunque sus cuerpos descansan hoy en los sepulcros, están actualmente en el cielo junto con todos los santos de la antigüedad, aquellos que murieron saludando de lejos la promesa de un Salvador, y a quienes Jesús llevó al cielo consigo en el momento de su muerte y resurrección. ¡Sí! ¡Usted leyó bien! Permítame explicarle.

Antes de Cristo, cuando los justos como Moisés, David y otros morían, sus almas iban al seno de Abraham, un lugar de descanso y consuelo, pero que no era el cielo como tal, ya que nadie podía ir allá arriba aún debido a que no se había pagado el precio por los pecados. Sin embargo, como habían muerto saludando a través de la fe la esperanza de un Salvador que vendría (Heb 11:13), cuando Jesús murió, fue y se presentó delante de ellos para darles testimonio de ser aquel a quien habían esperado. Y es entonces que, una vez que los hubo perfeccionado, los llevó al cielo para poder tener acceso a la patria celestial que habían esperado. La Palabra dice que nos hemos acercado «a la congregación de los primogénitos que están inscritos en los cielos, a Dios el Juez de todos, *a los espíritus de los justos hechos perfectos*» (Heb 12:23, énfasis añadido). Pablo, refiriéndose a Cristo, también dijo: «Subiendo a lo alto, llevó cautiva la cautividad» (Ef 4:8), hablando así sobre ese acto de llevar las almas de aquellos justos a la presencia de Dios Padre. De manera que creemos que las almas de todos aquellos santos justos del Antiguo Testamento hoy están en el cielo, así como también todos los cristianos del Nuevo Testamento y la gracia hasta el día de hoy.

No obstante, cuando suene la trompeta, sus cuerpos van a resucitar, porque aunque sus almas estén en el cielo, la verdad es que sus cuerpos murieron en deshonra; y el evangelio no solo da promesa de redención para nuestros espíritus o nuestras almas, sino también para nuestros cuerpos, los cuales fueron mordidos metafóricamente por la muerte, que vino como producto del pecado. Es por eso que la resurrección de los cuerpos de los santos tiene que suceder, para consumar en ellos el beneficio de la muerte y la resurrección de Cristo cuando nos dé cuerpos glorificados.

Y de eso se trata la resurrección de los santos. Cuando Cristo Jesús venga en las nubes en el momento del arrebatamiento, no vendrá solo, sino que lo acompañarán todas las almas de los santos del Antiguo Testamento y del tiempo de la gracia, los cuales vendrán del cielo con Él para tomar sus cuerpos resucitados. Como dice la Palabra: «Porque si creemos que Jesús murió y resucitó, así también *traerá Dios con Jesús* a los que durmieron en él» (1 Ts 4:14, énfasis añadido). ¿Notó esa frase? Dios Padre traerá del cielo con Jesús a aquellos que durmieron en Él. Y será en ese momento que el Señor vendrá con voz de mando y con trompeta, y los cuerpos de los santos resucitarán a fin de que sus almas tomen esos cuerpos, ahora resucitados y glorificados, y asciendan al cielo para estar con el Señor. Jesús dijo: «De cierto, de cierto os digo: Viene la hora, y ahora es, cuando los muertos oirán la voz del Hijo de Dios; y los que la oyeren vivirán» (Jn 5:25).

Entonces, apenas los cuerpos de los santos resuciten, sucederá un segundo acontecimiento instantáneamente, y será el arrebatamiento al cielo de todos los cristianos que estemos vivos en ese momento. La Palabra enseña que seremos levantados a las nubes en un abrir y cerrar de ojos, y seremos transformados para recibir cuerpos glorificados y estar para siempre con el Señor.

He aquí, os digo un misterio: No todos dormiremos; pero todos seremos transformados, en un momento, en un abrir y cerrar de ojos, a la final trompeta; porque se tocará la trompeta, y los muertos serán resucitados incorruptibles, y nosotros seremos transformados. Porque es necesario que esto corruptible se vista de incorrupción, y esto mortal se vista de inmortalidad (1 Co 15:51-53).

Es verdad que mientras permanecemos aquí en la tierra estamos sujetos a un cuerpo que tiene una naturaleza caída, pues tenemos que batallar con nuestros apetitos carnales para no obedecerlos; así como también es verdad que padecemos enfermedades, dolencias, tenemos necesidades físicas, lloramos y sufrimos. Todo eso vino como consecuencia del pecado, pero en el momento del arrebatamiento, seremos transformados en el aire para recibir un cuerpo semejante al de Cristo en su resurrección, un cuerpo revestido de gloria y majestad. ¡Aleluya!

Resumiendo, de eso se trata el arrebatamiento de la iglesia. Cristo Jesús vendrá en las nubes, de manera secreta e inminente, y en un instante los cuerpos de los santos resucitarán, y junto con ellos, los cristianos que estemos vivos seremos levantados a las nubes para recibir cuerpos glorificados e ir con Cristo al cielo por siete años.

La cena de las bodas del Cordero

Cuando la iglesia sea levantada al cielo, allá arriba comenzarán las bodas del Cordero, entre Cristo y su iglesia. Por esto en Apocalipsis se oye una voz de alegría que grita con vehemencia: «Gocémonos y alegrémonos y démosle gloria; porque han llegado las bodas del Cordero, y su esposa se ha preparado. Y a ella se le ha concedido que se vista de lino fino, limpio y resplandeciente; porque el lino fino es las acciones justas de los santos» (Ap 19:7-8).

En la Biblia vemos que la iglesia es tipificada por una novia a la cual Cristo compró con su propia sangre por amor. «Maridos, amad a vuestras mujeres, así como Cristo amó a la iglesia, y se entregó a sí mismo por ella, para santificarla, habiéndola purificado en el lavamiento del agua por la palabra, a fin de presentársela a sí mismo, una iglesia gloriosa, que no tuviese mancha ni arruga ni cosa semejante, sino que fuese santa y sin mancha» (Ef 5:25-27).

En la tradición judía, cuando un hombre y una mujer deseaban casarse, primero se desposaban, apalabrando así su futuro matrimonio, lo cual era lo más cercano a lo que hoy en día sería un noviazgo con compromiso. No obstante, en esa etapa debían mantenerse sin disfrutar de la intimidad sexual hasta el día de la boda. Pero cuando finalmente llegaba el día señalado, se realizaba entonces un banquete de siete días con los familiares y amigos, y luego ambos convivían como pareja, teniendo un año sabático para disfrutar de su matrimonio.

Del mismo modo, Cristo Jesús desposó a la iglesia pagando un alto precio para comprarla: su propia sangre. Y tiene marcado en su calendario celestial un día en el cual vendrá a buscar a su novia para llevarla al cielo y dar inicio a los siete años de banquete que celebrarán esa boda preciosa entre Él y su iglesia. Desde ya le adelanto que después de esos siete años de celebración, entonces Cristo regresará a la tierra con su iglesia para reinar en paz y reposo, lo cual es tipificado por el año sabático que las parejas disfrutaban después de los siete días de bodas.

¿Será antes, en medio o al final de la gran tribulación?

Ya que he explicado en qué consiste la profecía del arrebatamiento, por qué sucederá y qué diferencia tiene con la segunda venida de Cristo, es momento de aclarar por qué existe tanta controversia alrededor de este tema. Y la realidad es que, aunque la mayoría de los cristianos creemos tanto en la segunda venida de Cristo como en la doctrina del arrebatamiento, el conflicto se da debido a los diferentes criterios que hay en cuanto al momento exacto en que sucederá el rapto. De hecho, hay principalmente tres posturas distintas en cuanto a este tema.

Primero están aquellos que piensan que la segunda venida de Cristo y el arrebatamiento son un mismo acontecimiento, por lo que creen que la iglesia estará aquí en la tierra cuando el anticristo se manifieste, de modo que seremos perseguidos por él y veremos además la ira de Dios en la gran tribulación. Según los que sostienen esa opinión, el arrebatamiento y la segunda venida de Cristo serían un mismo evento, ya que seríamos levantados, pero inmediatamente devueltos a la tierra en una especie de vuelta en U para reinar con Cristo. Quiero decir con mucha humildad que este punto de vista está errado, primero porque gracias a numerosos pasajes y argumentos que veremos más adelante es evidente que la iglesia no atravesará la gran tribulación ni tampoco la persecución del anticristo. Pero además, porque la Biblia presenta el arrebatamiento como un viaje que daremos al cielo como destino, lo cual es distinto a lo que afirma esta primera posición teológica, que ve el arrebatamiento como una vuelta en U inmediata a la tierra, por lo que según ellos la iglesia no iría al cielo. Más adelante responderemos a los argumentos que esta primera posición sugiere.

En segundo lugar, están aquellos que opinan que el arrebatamiento sucederá a la mitad de los siete años, o sea, a los tres años y medio después de la manifestación del anticristo y antes de los juicios de Dios. Aunque veo este segundo punto de vista más coherente que el primero, también creo que está equivocado, principalmente porque según la Biblia el anticristo no se puede manifestar hasta que la iglesia sea levantada (2 Ts 2:7). Además, no tiene ninguna relación con el Antiguo Testamento que la iglesia celebre las bodas por solo tres años y medio, sino que tiene más lógica el número siete, pues como ya dije las bodas judías duraban siete días de fiesta y no tres y medio.

Aunque respeto profundamente a los hermanos que sostienen estos dos puntos de vista, entre los cuales tengo varios amigos, y no creo que las profecías escatológicas deben ser un punto de división en el cuerpo de Cristo, sí opino que están sinceramente equivocados, porque aunque existen versículos que parecieran comprobar alguna de esas dos teorías anteriores, creo que en la Biblia encontramos muchísima más evidencia para optar por la tercera postura, que de hecho considero la correcta. Y me refiero a la posición teológica que ve el arrebatamiento como un acontecimiento separado de la segunda venida de Cristo y que sucederá antes de los siete años de tribulación y gran tribulación. Por lo tanto, creemos que la iglesia no verá la manifestación del anticristo ni la ira de Dios.

Para conocer la verdad sobre algún tema controversial de la Biblia, es importante que realicemos un recorrido por toda la Escritura para tener un panorama completo, sin basar nuestra opinión solo en un versículo. El salmista dijo: «La suma de tu palabra es verdad» (Sal 119:160). Y por eso, luego de estudiar toda la Biblia en distintas épocas de mi vida con la ayuda del Espíritu Santo, sigo creyendo con toda seguridad que el arrebatamiento sucederá antes de los siete años, siendo así el evento profético que dará inicio a todas las otras profecías del fin.

Pasajes malinterpretados

No obstante, antes de darle los argumentos y evidencias bíblicas de por qué creo que el rapto será el primer acontecimiento, miremos algunos pasajes y argumentos que ciertos hermanos han presentado para decir que el rapto no ocurrirá antes de los siete años.

En primer lugar, tenemos el siguiente pasaje, el cual ha sido usado por muchos para afirmar que el rapto no puede suceder antes de la manifestación del anticristo:

Pero con respecto a la venida de nuestro Señor
Jesucristo, y nuestra reunión con él, os rogamos,

hermanos, que no os dejéis mover fácilmente de vuestro modo de pensar, ni os conturbéis, ni por espíritu, ni por palabra, ni por carta como si fuera nuestra, en el sentido de que el día del Señor está cerca. Nadie os engañe en ninguna manera; porque no vendrá sin que antes venga la apostasía, y se manifieste el hombre de pecado, el hijo de perdición (2 Ts 2:1-3).

La razón por la cual muchos se confunden con este pasaje es que no distinguen la diferencia teológica que existe entre el arrebatamiento y la segunda venida de Cristo, ya que aquí Pablo *no* se está refiriendo al rapto, sino a la segunda venida visible y literal de Cristo. Es por esto que comienza hablando de «la venida». Sin embargo, note que el rapto no es una venida, porque Cristo no viene a la tierra, sino que se queda en las nubes para llevarse a su pueblo. En su segunda venida visible, ahí sí regresa a la tierra literalmente.

Al estudiar el contexto histórico de ese pasaje, conocemos que en aquella iglesia se habían levantado algunos, dando supuestas profecías de que ya Cristo había regresado por segunda vez y estaban viviendo «el día del Señor». La versión Reina Valera de 1960 da a entender en el versículo dos que nadie debe pensar que «el día del Señor está cerca», pero en realidad se trata de una traducción errónea, porque en el original lo que dice es que nadie debía pensar que «ya llegó el día del Señor». Por eso la Nueva Versión Internacional y otras versiones corrigieron luego esta traducción, quedando así: «No pierdan la cabeza ni se alarmen por ciertas profecías, ni por mensajes orales o escritos supuestamente nuestros, que digan: «¡Ya llegó el día del Señor!» (2 Ts 2:2, NVI).

Esta aclaración da mucha luz, porque Pablo no está criticando que la iglesia tenga expectativa por el regreso del Señor, sino a aquellos que decían que ya el Señor había regresado, lo cual estaba provocando tal desorden, que muchos abandonaron sus trabajos y vendieron sus propiedades. Por eso el apóstol Pablo enseña en este pasaje que *la segunda venida de Cristo* no será antes de la apostasía y la manifestación del anticristo. Así que dicho pasaje no invalida la doctrina del arrebatamiento según lo hemos explicado.

Otro pasaje con el que algunos hermanos se confunden es el siguiente. «He aquí, os digo un misterio: No todos dormiremos; pero todos seremos transformados, en un momento, en un abrir y cerrar de ojos, a la final trompeta; porque se tocará la trompeta, y los muertos serán resucitados incorruptibles, y nosotros seremos transformados» (1 Co 15:51-52).

Al ver estos versículos, algunos han pensado que el arrebatamiento no puede suceder hasta que se toquen las siete trompetas del Apocalipsis, porque se afirma que Cristo vendrá por su pueblo «a la final trompeta». Sin embargo, lo que ellos ignoran es que ahí Pablo no estaba hablando sobre las trompetas de Apocalipsis, sino del último toque del *shofar* en la fiesta judía de las trompetas. Cuando Pablo redactó esa carta, ni siquiera había sido escrito el libro de Apocalipsis, lo cual sucedió cerca de treinta y cinco o cuarenta y cinco años después. Por lo tanto, si él se hubiera referido a las trompetas que Juan viera luego en la visión de Patmos, seguramente los hermanos le hubieran escrito a Pablo en respuesta para preguntarle a qué trompeta se había referido. No obstante, como ellos eran judíos en su gran mayoría, sabían perfectamente a cuál trompeta se había referido el apóstol, y era a las relacionadas con la fiesta de las trompetas. Permítame explicarle. La historia judía dice que en esta fiesta se tocaba el *shofar* para emitir diferentes sonidos, cada uno de ellos con un nombre en hebreo, y que al final había un toque de trompeta llamado Tekiah Gedolah, el cual se debía extender lo más posible e iba subiendo de volumen hasta donde rindieran los pulmones del levita. Pues resulta que a ese toque final se le conocía en Israel como «la última trompeta» o «la final trompeta», y es a lo que Pablo se refiere cuando dice que seremos arrebatados a la final trompeta, la de la fiesta judía, no la de Apocalipsis 11.

Obviamente, no estamos afirmando que el rapto sucederá en los meses en que se celebra la fiesta de las trompetas, ni que el Señor vendrá en una fecha en específico. La verdad es que nadie sabe el día ni la hora. Pero sí creo que la fiesta de las trompetas simboliza las señales proféticas que avisan el regreso del Señor. Según nos vamos acercando más y más al día del arrebatamiento, el Señor seguirá dando voces de trompeta, señales en los cielos y la tierra, hasta que llegue la última señal, previa al arrebatamiento de la iglesia.

Un tercer pasaje que confunde a algunos es aquel de Apocalipsis donde Juan ve en visión a una gran multitud vestida de ropas blancas, la cual se afirma que ha salido de la gran tribulación. Algunos piensan que ese pudiera ser el rapto, que sucedería a la mitad de la gran tribulación. Sin embargo, consideremos el pasaje para ver qué es lo que dice en realidad:

Después de esto miré, y he aquí una gran
multitud, la cual nadie podía contar, de todas
naciones y tribus y pueblos y lenguas, que estaban delante del trono y en la presencia del
Cordero, vestidos de ropas blancas, y con pal-
mas en las manos [...] Entonces uno de los
ancianos habló, diciéndome: Estos que están
vestidos de ropas blancas, ¿quiénes son, y de
dónde han venido? Yo le dije: Señor, tú lo sa-
bes. Y él me dijo: Estos son los que han salido
de la gran tribulación, y han lavado sus ropas,
y las han emblanquecido en la sangre del Cordero (Ap 7:9,13-14).

La verdad es que esta multitud no es la iglesia arrebatada, sino los que serán muertos en manos del anticristo
por causa de la palabra del Señor. Como veremos luego en
el libro, en la gran tribulación el anticristo decapitará a muchos judíos y cristianos que se quedaron en el rapto, y en el
quinto sello, Juan ve una primera parte de esos mártires, a
los cuales se les dice que esperaran hasta que se completara
el número de los que también habrían de morir por Cristo
(Ap 6:11). Por lo tanto, es muy probable que en esta visión
Juan esté viendo el número completo de los mártires de la
gran tribulación, esa gran multitud que él menciona, pero no
hay razón para pensar que sea la iglesia arrebatada.

Ahora bien, luego de mostrar por qué no veo suficiente base bíblica para los dos primeros puntos de vista, los cuales colocan el rapto a la mitad o al final de la gran tribulación,
permítame presentarle las múltiples evidencias por las que

creo que la iglesia sí será arrebatada antes de la manifestación del anticristo y la gran tribulación.

Una puerta abierta en el cielo

El primer argumento para esta gran verdad lo vemos en Apocalipsis 4, donde Juan experimenta algo simbólico al arrebatamiento cuando dice:

> Después de esto miré, y he aquí *una puerta abierta en el cielo*; y la primera voz que oí, *como de trompeta*, hablando conmigo, dijo: *Sube acá*, y yo te mostraré las cosas que sucederán después de estas. Y al instante yo estaba en el Espíritu; y he aquí, un trono establecido en el cielo, y en el trono, uno sentado (Ap 4:1-2, énfasis añadido).

Lo que Juan experimenta aquí es sencillamente un tipo del arrebatamiento de la iglesia, porque para empezar él ve una puerta abierta en el cielo, la cual es la misma quizás que Jesús le prometió a la iglesia de Filadelfia cuando le dijo: «Por cuanto has guardado la palabra de mi paciencia, yo también te guardaré de la hora de la prueba que ha de venir sobre el mundo entero, para probar a los que moran sobre la tierra» (Ap 3:10). Como ya explicamos, Filadelfia es tipo de la iglesia fiel que se irá con Cristo en el rapto, y note que se le dice que será guardada «de» la hora de prueba que vendrá sobre el mundo entero, lo cual se refiere obviamente a la gran tribulación. No se afirma que será guardada «en», sino «de», significando que el Señor promete que sería quitada de la tierra para que no atravesara la gran tribulación. Y para esto le abriría una puerta en el cielo, la que Juan observa en la visión de Apocalipsis 4.

También en esa visión Juan escucha la voz de Jesús que le dice: «Sube acá», y menciona que su voz suena «como de trompeta», algo que se parece mucho a la voz de trompeta con la que Cristo llamará a su iglesia según 1 Tesalonicenses 4:16. El pasaje revela que, luego de esto, Juan es inmediatamente llevado al cielo. Y no cabe duda de que esa experiencia es un tipo del rapto, lo cual tiene una gran relevancia, porque al estar localizada en el capítulo 4, posiciona el rapto después del mensaje a las siete iglesias y antes de todas las profecías del fin, como la apertura de los sellos, la manifestación del anticristo, el regreso de Cristo y demás. Así que, por la cronología de Apocalipsis, el arrebatamiento será primero que todo.

Destino celestial

Un segundo dato precioso que colabora con esta verdad es que cuando Jesús habló del arrebatamiento, no se refirió a este como una vuelta en U instantánea a la tierra, sino que más bien dejó ver que la morada que prepararía para nosotros estaría en el cielo. Él dijo textualmente:

> No se turbe vuestro corazón; creéis en Dios, creed también en mí. *En la casa de mi Padre*

muchas moradas hay; si así no fuera, yo os lo hubiera dicho; *voy, pues, a preparar lugar para vosotros.* Y si me fuere y os preparare lugar, *vendré otra vez, y os tomaré a mí mismo,* para que *donde yo estoy, vosotros también estéis* (Jn 14:1-3, énfasis añadido).

Como usted puede leer, aquí Jesús está prometiendo que aunque Él se iría al cielo donde está su Padre, nos prepararía lugar allá para tomarnos y llevarnos consigo. Esto, obviamente, define el cielo como el destino de la iglesia arrebatada, lo que es distinto a la segunda venida, cuando Cristo sí vendrá literalmente a la tierra para reinar.

El que lo detiene

Un tercer argumento es que la Biblia enseña que el anticristo no puede reinar mientras la iglesia esté presente en la tierra. El apóstol Pablo dijo:

> Y ahora vosotros sabéis lo que lo detiene, a fin de que a su debido tiempo se manifieste. Porque ya está en acción el misterio de la iniquidad; solo que hay quien al presente lo detiene, hasta que él a su vez sea quitado de en medio. Y entonces se manifestará aquel inicuo, a quien el Señor matará con el espíritu de su boca, y destruirá con el resplandor de su venida (2 Ts 2:6-8).

Como usted puede leer, el anticristo no puede manifestarse hasta que «él» sea quitado. Pero, ¿quién es él? Este personaje que detiene al anticristo no se refiere a algo similar a un sistema político, como algunos piensan, sino que se trata de una persona o identidad espiritual, ya que se le da carácter y personalidad. Todo indica que aquí se pudiera estar refiriendo a la iglesia como institución espiritual (el remanente) o a la persona misma del Espíritu Santo. Por un lado, si se estuviera refiriendo a la iglesia, contaría con el respaldo bíblico, porque Cristo dijo que ni las puertas del Hades prevalecerían contra su iglesia (Mt 16:18). Una iglesia llena del poder del Espíritu Santo tiene toda la autoridad para derribar al hijo de perdición apenas se manifieste. Por otro lado, si en este pasaje se estuviera hablando sobre la partida del Espíritu Santo al cielo, también tendría respaldo bíblico, pero eso obviamente incluiría también a la iglesia, la cual tendría que ser levantada junto con el Espíritu Santo, pues es imposible que la iglesia subsista sin la ayuda del Consolador, que fue prometido hasta el fin.

Sé que al leer estas líneas usted se estará preguntando si el Espíritu Santo finalmente se irá en el rapto junto con la iglesia o no. Y la compleja respuesta es que, aunque no podemos ser dogmáticos en cuanto a esto, tal parece que sí se irá al cielo con la iglesia en el arrebatamiento, pero a la vez seguirá en la tierra ministrando para salvar a los judíos. Permítame explicarme. Por un lado, creo inconcebible que el Espíritu Santo esté ausente en las bodas del Cordero, las cuales sucederán en el cielo. Y a la vez, es también imposible que los judíos sean salvos y reconozcan a Cristo si no es con la ayuda del Espíritu Santo. Lo que muchos olvidan es que el

Espíritu Santo es omnipresente, porque no está sujeto a una geografía. Él habita en nuestros corazones en la actualidad y está en la tierra ministerialmente, pero puede estar también al mismo tiempo en el cielo, pues es omnipresente. De hecho, resulta valioso saber que desde el Antiguo Testamento ya Él estaba presente en la tierra, porque leemos en Génesis que «el Espíritu de Dios se movía sobre la faz de las aguas» (Gn 1:2). También leemos que el Espíritu de Dios venía sobre personas como Sansón, Saúl, David y otros. Por lo que Él sí estaba en la tierra previamente. La diferencia es que en Pentecostés el Espíritu Santo vino a la tierra para establecer aquí la sede de su ministerio y capacitar a la iglesia. Sin embargo, cuando esta sea levantada, creo que también el Espíritu Santo se irá al cielo (como ministerio), aunque seguirá obrando en la tierra como ya dije para convencer a todos los judíos que serán salvos en la gran tribulación.

Un pasaje que ilustra muy bien esta idea es la historia de cuando Abraham envió a su criado Eliezer a buscar esposa para su hijo Isaac (Gn 24). La Biblia relata que cuando el criado llega a casa de Rebeca, le pregunta a la joven si desea hacer el viaje con él, y ante su respuesta positiva, le da dones, la prepara y la alista para realizar el viaje. Es entonces que emprende el largo viaje hacia la casa de Abraham con la novia, para entregársela él mismo a Isaac. Creo personalmente que esta romántica historia es una tipología espiritual del arrebatamiento de la iglesia, porque Abraham simboliza aquí a Dios Padre, Isaac a Jesús, y el siervo que prepara, santifica y trae a la novia hasta la casa del novio es tipo del Espíritu Santo, quien está preparando a la iglesia para su encuentro en las bodas con el amado. Cuando llegue el momento de ese encuentro, el Espíritu Santo le entregará la iglesia personalmente al Hijo, por lo que creo que Él sí subirá ministerialmente con la iglesia, ya que como veremos luego, el arrebatamiento será el suceso que dará fin al trato de Dios con la iglesia gentil.

El trato con Israel

Y precisamente, un aspecto muy importante que nos ayudará a entender por qué la iglesia no estará aquí durante la gran tribulación es que los siete años finales implican un trato de Dios exclusivamente con la nación de Israel para salvarlos. En ocasiones me encuentro a hermanos que usan Mateo 24 para argumentar que la iglesia va a ser perseguida, pero ellos ignoran que ese es un pasaje dirigido a la nación de Israel, la cual va a ser perseguida por el anticristo. Si no aprendemos a diferenciar cuándo se le está hablando a la iglesia y cuándo a Israel, pudiéramos caer en graves errores doctrinales y escatológicos.

Como ya aprendimos, Israel rechazó al Mesías verdadero, a Jesucristo, lo cual trajo condenación para ellos como nación, pero también sirvió para abrir las puertas de la salvación a los gentiles (Jn 1:11-12). No obstante, en Romanos 11, Pablo enseña que cuando se termine el tiempo o la plenitud de los gentiles, entonces todo Israel será salvo. «Ha acontecido a Israel endurecimiento en parte, *hasta que haya entrado la plenitud de los gentiles; y luego todo Israel será salvo*, como está escrito: Vendrá de Sion el Libertador, que apartará de Jacob la impiedad» (Ro 11:25-26, énfasis añadido).

Jesús también profetizó la destrucción de Jerusalén diciendo: «Y caerán a filo de espada, y serán llevados cautivos a todas las naciones; y Jerusalén será hollada por los gentiles, hasta que los tiempos de los gentiles se cumplan [...] Entonces verán al Hijo del Hombre, que vendrá en una nube con poder y gran gloria» (Lc 21:24-27). Note que Jesús señala que las desolaciones sobre Jerusalén durarían hasta que se cumplieran los tiempos de los gentiles, lo cual da a entender que habría un trato con el pueblo gentil y luego Israel sería salvo.

Todo esto indica que el arrebatamiento será el evento que dará fin al trato de Dios con la iglesia gentil y a la vez dará inicio al *Kairos* de Dios para salvar al pueblo judío, el cual pasará primero por el fuego de la prueba. Por eso no vemos a la iglesia desde Apocalipsis 4 hasta casi el final del libro, mientras que sí vemos a Israel, y observamos además que Dios sella a ciento cuarenta y cuatro mil judíos y no gentiles, así como también envía a dos testigos *judíos* para que prediquen. Por otra parte, en este libro más de doscientos cuarenta versículos aluden a cosas del Antiguo Testamento. ¿Por qué? Porque esos siete años corresponden a la última semana de Daniel, el tiempo en que Dios terminará la obra que le había anunciado a Daniel cuando le dijo el ángel: «He venido para hacerte saber lo que ha de venir a tu pueblo en los postreros días; porque la visión es para esos días» (Dn 10:14). Note que el ángel le dice que las profecías eran para el pueblo de Daniel en específico, o sea, para Israel.

Más adelante hablaremos con mayor profundidad sobre esto en otro capítulo. Pero por ahora es necesario que usted comprenda al menos este principio: que los siete años finales no son un trato con la iglesia, sino con Israel para salvarlos. Ellos sí serán perseguidos y sí atravesarán la gran tribulación. Sin embargo, la iglesia estará en el cielo celebrando las bodas del Cordero.

¿Tribulación para la iglesia?

Ahora bien, otro concepto erróneo que muchos cristianos tienen es que, en la gran tribulación, Dios permitirá la persecución del anticristo en contra de los creyentes y los juicios divinos para purificar a la iglesia. Según ellos, la iglesia necesita padecer, así como la iglesia primitiva sufrió persecución. Sin embargo, lo que ellos ignoran es que lo que experimentaron los apóstoles no fue la ira de Dios, sino sencillamente pruebas y persecuciones habituales, las cuales la Biblia advirtió que atravesaríamos. De hecho, ¿quién dijo que la iglesia no ha sido probada en estos dos mil años de historia? ¿Quién dice que hoy no hay persecución en el mundo por causa de la Palabra? ¿Sabía usted que actualmente hay miles de cristianos en el Medio Oriente que son perseguidos y asesinados por causa de su fe? ¿Sabía usted que en muchos países las iglesias tienen que ser clandestinas? Mi familia ha sido testigo de todo esto, porque nací en una isla donde hubo gran persecución por parte del gobierno. ¡La iglesia siempre ha estado bajo persecución de alguna manera u otra! Y aun en países como Estados Unidos, donde hay libertad supuestamente, ya estamos viendo una persecución política, filosófica y moral.

En la gran tribulación, evidentemente sí habrá persecución, engaño y grandes juicios divinos. Pero estos no serán para la iglesia, porque la Biblia deja muy claro que la ira será para los impíos: «Porque vosotros sabéis perfectamente que el día del Señor vendrá así como ladrón en la noche; que cuando digan: Paz y seguridad, entonces vendrá *sobre ellos* destrucción repentina, como los dolores a la mujer encinta, y no escaparán» (1 Ts 5:2-3, énfasis añadido). Note que dice que la destrucción vendrá «sobre ellos», y no sobre la iglesia. Y para confirmar esto, el apóstol Pablo añadió luego a los hermanos: «Pero nosotros, que somos del día, seamos sobrios, habiéndonos vestido con la coraza de fe y de amor, y con la esperanza de salvación como yelmo. Porque no nos ha puesto Dios para ira, sino para alcanzar salvación por medio de nuestro Señor Jesucristo» (1 Ts 5:8-9). Esto nos da a entender muy claramente que la ira no será para la iglesia, como algunos argumentan.

Luego, en la segunda carta a la misma iglesia, Pablo dice que el anticristo vendrá «con todo engaño de iniquidad para los que se pierden, por cuanto no recibieron el amor de la verdad para ser salvos» (2 Ts 2:10). Note que ahí está hablando del espíritu de engaño con el que el anticristo vendrá, y señala que Dios lo permitirá así a manera de juicio sobre los que se pierden por haber rechazado la salvación. Por eso la gran tribulación no se trata de un juicio divino sobre la iglesia, sino sobre los pecadores que rechazaron la verdad.

Harpazó

Por lo tanto, para guardar a la iglesia de ese tiempo de ira, el Señor arrebatará a su pueblo al cielo, aunque la palabra griega que se utilizó originalmente en el pasaje de 1 Ts 4:17

fue harpazó, la cual tiene un significado muy profundo que nos ayudará a comprender por qué la iglesia no estará aquí en la gran tribulación.

La palabra harpazó significa «ser arrebatado o raptado», y habla de algo que se hace con prontitud y fuerza. Cierto experto en el idioma griego explicó que la mejor ilustración para comprender esta palabra es la de un niño que está jugando en la calle y va a ser atropellado por un carro, pero alguien con urgencia lo levanta y lo salva del desastre. Por lo tanto, harpazó tiene que ver con sacar urgentemente a alguien de un peligro inminente. Y eso es lo que en realidad Cristo hará con su pueblo, sacarnos con prontitud de la tierra para protegernos de la ira que vendrá y de la manifestación del anticristo. La Biblia afirma que Cristo «nos libra de la ira venidera» (1 Ts 1:10).

En el Antiguo Testamento vemos la historia de Enoc, acerca del cual la Biblia dice: «Y fueron todos los días de Enoc trescientos sesenta y cinco años. Caminó, pues, Enoc con Dios, y desapareció, porque le llevó Dios» (Gn 5:23-24). Este hombre es un tipo de la iglesia fiel que camina con Dios todos los días de su vida y será arrebatada al cielo para desaparecer de este mundo, que será consumido por la ira divina.

El carácter de Dios (Noé y Lot)

Algo que nos ayudará a entender por qué Dios no permitirá que la iglesia fiel sea castigada juntamente con los impíos en la gran tribulación es su carácter y la manera de actuar con su pueblo en los tiempos de juicio. Y para esto, tenemos varios ejemplos en el Antiguo Testamento que nos crean un precedente de qué hará Dios con su iglesia antes de enviar el juicio.

En primer lugar, tenemos la historia de Noé, en cuyo momento Dios se enojó tanto contra el mundo impío que decidió derramar su ira sobre la tierra con un diluvio. Sin embargo, Noé halló gracia delante de Dios (Gn 6:8), por lo que le ordenó construir un arca en la cual serían salvos él, su familia y los animales que Dios determinó que entraran. Obviamente, el arca es tipo de Cristo, así como también la única puerta que había en el arca. No obstante, lo llamativo de la historia es que Dios no derramó el juicio hasta que Noé y su familia hubieron entrado en el arca. Una vez que lo hicieron, Dios mismo cerró la puerta e inmediatamente comenzó el juicio sobre los pecadores. Así dice la Biblia: «Y Jehová le cerró la puerta. Y fue el diluvio cuarenta días sobre la tierra; y las aguas crecieron, y alzaron el arca, y se elevó sobre la tierra» (Gn 7:16-17). De modo que el diluvio no cayó sobre la tierra hasta que Noé y su familia fueron puestos a salvo.

Otra historia similar es la de Lot. Sabemos a través de la Biblia que Dios decidió destruir las ciudades de Sodoma y Gomorra, entre otras. Sin embargo, gracias a la intercesión de Abraham, Él tuvo misericordia de Lot y su familia, pues no derramó el fuego *hasta* que ellos fueron sacados por los ángeles de la ciudad y puestos a salvo. La Biblia dice: «El sol salía sobre la tierra, cuando Lot llegó a Zoar. Entonces Jehová hizo llover sobre Sodoma y sobre Gomorra azufre y fuego de parte de Jehová desde los cielos» (Gn 19:23-24).

Note que en ambos casos vemos un patrón, y es que Dios retuvo su ira hasta que las personas justas fueran puestas a salvo para luego derramar el juicio. ¿Y sabe usted por qué? Porque Dios es santo, pero también es justo y bueno con su pueblo. Por esto, cuando Abraham supo que Dios iba a derramar fuego sobre Sodoma, apeló al carácter justo de Dios y su misericordia, diciendo: «¿Destruirás también al justo con el impío? [...] Lejos de ti el hacer tal, que hagas morir al justo con el impío, y que sea el justo tratado como el impío; nunca tal hagas. El Juez de toda la tierra, ¿no ha de hacer lo que es justo?» (Gn 18:23-25).

Estimado lector, Abraham conocía el carácter de Dios y que Él no castiga al justo juntamente con el impío. Por lo tanto, creemos que de la misma forma que Dios hizo con Noé y Lot, así también la iglesia será arrebatada (*harpazó*) para que no sufra la ira que vendrá sobre la tierra. No tiene ningún sentido que el pueblo puro y santo que se ha guardado para Dios tenga que ser perseguido por el anticristo y recibir la ira celestial. Y es precisamente por eso que Cristo nos ordenó a cada uno de nosotros: «Velad, pues, en todo tiempo orando que seáis tenidos por dignos de escapar de todas estas cosas que vendrán, y de estar en pie delante del Hijo del Hombre» (Lc 21:36).

¿Por qué ha tardado?

La interrogante es: ¿por qué ha demorado tanto el arrebatamiento de la iglesia? Permítame contarle que tengo la dicha de haber nacido, por la gracia de Dios, en un hogar cristiano, ya que mis abuelos por ambas partes, Manolín y Nelda Rodríguez, y Arnoldo y Aydeé González, han sido pastores en Cuba durante más de cincuenta años. Ellos formaron familias hermosas que sirven a Dios, de las cuales provienen mis padres, Eliseo y Anna Rodríguez, quienes también han servido a Dios como pastores por más de treinta y dos años. Menciono todo esto porque desde que soy pequeño recuerdo haber escuchado en nuestra congregación, en numerosas ocasiones, la alarmante, pero además ilusionante consigna: «¡Cristo viene pronto!». También acostumbrábamos ver videos de grandes hombres de Dios como Yiye Ávila, el cual hizo de aquella declaración su consigna de victoria.

Así que, como niño que yo era, cada vez que llegaba la noche del 31 de diciembre me ilusionaba pensando que Cristo vendría al siguiente año, en especial cuando llegamos a la víspera del año 2000, ya que había cierta expectativa por estarse dando el fin de un milenio. Sin embargo, cuando los primeros años del nuevo siglo arribaron, muchos creyentes se desanimaron al ver que no había acontecido el rapto en el tiempo que ellos esperaban, y más cuando vieron que muchos de aquellos generales de Dios partieron a su presencia debido a la ley de la vida. De ese modo, la generación que nació en ese tiempo creció olvidada de la promesa del arrebatamiento, optando por un mensaje superficial de egocentrismo y materialismo, y convirtiéndose también en burlones de la doctrina del rapto al decir: «¿Dónde está la promesa del arrebatamiento que los antepasados tanto predicaron?».

Esto me recuerda mucho la parábola de las diez vírgenes, porque aunque todas ellas sabían que el esposo vendría y lo estaban esperando con lámparas y aceite, la Palabra enseña que «tardándose el esposo, cabecearon todas y se durmieron» (Mt 25:5). La larga espera y el aparente retraso por parte del esposo habían provocado que se quedaran dormidas. Creo que estas vírgenes, aunque pueden tipificar a Israel de cierta manera, también son tipo de la iglesia de Cristo, la cual se ha dormido espiritualmente en cuanto a su pasión y expectativa por el regreso del Señor. Hemos caído en un sueño y un desánimo espiritual tan grande, que ya hoy se predica muy poco sobre el regreso del Señor. Sin embargo, la parábola también relata que «a la medianoche se oyó un clamor: ¡Aquí viene el esposo; salid a recibirle! Entonces todas aquellas vírgenes se levantaron, y arreglaron sus lámparas» (Mt 25:6-7).

A pesar de que muchos han olvidado ese mensaje y la promesa del regreso del Señor, creo que Dios está levantando en este tiempo a muchos nuevos predicadores, como este pequeño siervo, para recordarle a la iglesia que Él sí viene, que el arrebatamiento es real y que muy pronto sucederá. Y si Cristo no ha venido a buscar a su pueblo aún es porque está dándole tiempo al mundo para que se arrepienta, además de que sencillamente no ha llegado el *Kairos*, o sea, el tiempo perfecto que Dios tiene determinado.

El apóstol Pedro advirtió sobre estos burladores, cuando dijo: «En los postreros días vendrán burladores, andando según sus propias concupiscencias, y diciendo: ¿Dónde está la promesa de su advenimiento? Porque desde el día en que los padres durmieron, todas las cosas permanecen así como desde el principio de la creación» (2 P 3:3-4).

No obstante, luego termina diciendo: «Mas, oh amados, no ignoréis esto: que para con el Señor un día es como mil años, y mil años como un día. El Señor no retarda su promesa, según algunos la tienen por tardanza, sino que es paciente para con nosotros, no queriendo que ninguno perezca, sino que todos procedan al arrepentimiento. Pero el día del Señor vendrá como ladrón en la noche; en el cual los cielos pasarán con grande estruendo, y los elementos ardiendo serán deshechos, y la tierra y las obras que en ella hay serán quemadas» (2 P 3:8-10).

Mi estimado hermano, el arrebatamiento de la iglesia sí sucederá, y como ya vimos, no falta ninguna profecía para que este acontezca. Fiel es el que lo prometió, y no fallará. Por esto la Palabra nos alienta, diciendo:

> Por tanto, hermanos, tened paciencia hasta la venida del Señor. Mirad cómo el labrador espera el precioso fruto de la tierra, aguardando con paciencia hasta que reciba la lluvia temprana y la tardía. Tened también vosotros paciencia, y afirmad vuestros corazones; porque la venida del Señor se acerca (Stg 5:7-8).

Velad y orad

Sin embargo, es necesario recordar que para poder entrar a las bodas del Cordero hay que tener aceite en las lámparas, y esto es tipo de la unción del Espíritu Santo, que se adquiere solo por medio de la comunión con Dios en oración, lo cual nos mantiene alertas y preparados para ese gran día. Jesús nos ordenó: «Velad, pues, en todo tiempo orando que seáis tenidos por dignos de escapar de todas estas cosas que vendrán, y de estar en pie delante del Hijo del Hombre» (Lc 21:36).

Así que velemos y oremos, para que podamos formar parte de ese grupo hermoso que entrará a las bodas cuando suene la trompeta.

CAPÍTULO 4

La manifestación del anticristo

Después del arrebatamiento de la iglesia comenzarán a suceder una serie de acontecimientos tremendos que serán el cumplimiento de las profecías bíblicas, las cuales, de hecho, se encuentran enmarcadas dentro de un misterioso libro con siete sellos del que nos habla Apocalipsis 5. Y cada vez que un sello es abierto, las profecías del fin se cumplen en el orden en que Dios lo estableció. Sin embargo, ¿qué simboliza ese libro? Consideremos el pasaje, que dice así:

> Y vi en la mano derecha del que estaba senta-
> do en el trono un libro escrito por dentro y por
> fuera, sellado con siete sellos. Y vi a un ángel
> fuerte que pregonaba a gran voz: ¿Quién es
> digno de abrir el libro y desatar sus sellos? Y
> ninguno, ni en el cielo ni en la tierra ni deba-
> jo de la tierra, podía abrir el libro, ni aun mi-
> rarlo. Y lloraba yo mucho, porque no se había
> hallado a ninguno digno de abrir el libro, ni de
> leerlo, ni de mirarlo (Ap 5:1-4).

Después de esto, Juan comenta que uno de los veinticuatro ancianos lo consoló al decirle: «No llores. He aquí
que el León de la tribu de Judá, la raíz de David, ha vencido
para abrir el libro y desatar sus siete sellos» (Ap 5:5). Es
entonces que Cristo mismo, el León de la tribu de Judá,
toma el libro de la mano derecha del Padre y se dispone
a abrirlo.

Este misterioso libro simboliza dos cosas. Primero,
el plan de Dios para el tiempo del fin, o sea, la lista de todas
las profecías que han estado reservadas para ese tiempo, según vemos en Ezequiel 2:9-10. Y segundo, el título legal de
la propiedad de la tierra, el cual Adán perdió cuando pecó,
entregándoselo legalmente a Satanás, pero que Cristo recuperó a través de su sacrificio, retomando el derecho legal
para redimir a la tierra de la maldición del pecado. Por eso
este libro será fundamental para el desarrollo de todos los

juicios que sucederán en la tierra después de que la iglesia sea levantada al cielo.

Más adelante hablaremos nuevamente de ese libro para explicar con mayor profundidad su gran significado, pero por ahora me quiero enfocar en la apertura de cada sello, porque como ya dije, todas las profecías del fin están enmarcadas en el orden de la apertura de esos siete sellos, que establecen la secuencia cronológica de lo que sucederá.

El primer sello: la manifestación del anticristo

Cuando el Cordero toma el libro de la mano del Padre y abre el primer sello, el apóstol Juan observa lo siguiente: «Vi cuando el Cordero abrió uno de los sellos, y oí a uno de los cuatro seres vivientes decir como con voz de trueno: Ven y mira. Y miré, y he aquí un caballo blanco; y el que lo montaba tenía un arco; y le fue dada una corona, y salió venciendo, y para vencer» (Ap 6:1-2).

Durante la apertura de los primeros cuatro sellos del libro, vemos a cuatro jinetes montados sobre caballos de distintos colores, los cuales representan distintas cosas que sucederán en la gran tribulación antes de tener lugar las otras plagas. El primero de estos sellos muestra a un jinete montado sobre un caballo blanco, el cual no se debe confundir con Cristo en su regreso, algo que vemos más bien en la visión del capítulo 19 de Apocalipsis. Este jinete del primer sello no es otro que la persona del anticristo en su manifestación.

¿Quién es el anticristo? La Biblia enseña que este será un hombre malvado que estará poseído por el mismo

Satanás para gobernar sobre el mundo entero por siete años como el mayor dictador jamás visto, luego de que la iglesia haya sido levantada al cielo. A este personaje la Biblia lo llama «el anticristo» y «la bestia», entre otros nombres, y lo describe como «el hombre de pecado, el hijo de perdición, el cual se opone y se levanta contra todo lo que se llama Dios o es objeto de culto» (2 Ts 2:3-4).

Es importante saber que en pasajes como el de 1 Juan 4:3, la Biblia habla sobre el espíritu del anticristo que ya está en la tierra, lo que se refiere a todo tipo de movimiento, persona, reino o filosofía que niegue las doctrinas fundamentales de la Biblia. No obstante, cuando se manifieste el anticristo, él personificará semejante espíritu ateo y blasfemo, pues se ensoberbecerá contra Dios. Por eso Pablo dijo: «Porque ya está en acción el misterio de la iniquidad; solo que hay quien al presente lo detiene, hasta que él a su vez sea quitado de en medio. Y entonces se manifestará aquel inicuo, a quien el Señor matará con el espíritu de su boca, y destruirá con el resplandor de su venida» (2 Ts 2:7-8).

Sin embargo, ¿quién será el anticristo, cómo será su manifestación, y cuál será su *modus operandi*? En este capítulo estudiaremos lo que la Biblia profetiza acerca de este personaje.

El engaño del anticristo

En primer lugar, es necesario que atendamos a la manera en que la Biblia nos presenta la manifestación del anticristo, la cual será con gran engaño. Por eso en la apertura del primer sello, Juan ve al jinete montado sobre un caballo blanco con una corona en su cabeza y un arco en su mano, y esto es todo un símbolo del mensaje engañoso con que se manifestará, prometiendo paz y seguridad.

Al escudriñar las profecías del fin, sabemos que a medida que el mundo se vaya acercando a su final se verán mayores calamidades, guerras, enfermedades y cosas peores, todo con el propósito de que se prepare el escenario para el anticristo. Esto es así porque está profetizado que el mundo será un desastre para aquel tiempo, pues si no, no tendría ninguna lógica una promesa de paz y seguridad para un mundo que ya está en paz. Pero el mundo será un caos no solo por la inestabilidad política, económica y social, sino también por la confusión que el arrebatamiento de la iglesia dejará, ya que millones de personas, choferes de auto, pilotos de avión y hasta bebés desaparecerán en un instante, y nadie sabrá qué hacer ni por qué sucedió algo así. Ese será el momento oportuno para que se manifieste el anticristo mismo, prometiendo paz y seguridad. La Palabra afirma «que cuando digan: Paz y seguridad, entonces vendrá sobre ellos destrucción repentina» (1 Ts 5:3).

Precisamente el color del caballo donde se vio montado al jinete del primer sello simboliza el engaño y la apariencia de piedad con que vendrá el anticristo, cabalgando sobre promesas de paz. Esto también se ve en el hecho de que lleva un arco en su mano, aunque curiosamente el arco no tiene flecha, algo que indica que él viene promoviendo un tratado de paz para las naciones, pues el arco sin flecha levantado en alto era un gesto que usaban los reyes en las guerras antiguas para proponer una tregua. Es muy probable que luego del rapto exista algún gran conflicto entre las naciones, en especial entre los países del Medio Oriente, entre Israel y los árabes. En ese momento el anticristo propondrá la paz, por eso dice la profecía de Daniel: «Y por otra semana confirmará el pacto con muchos» (Dn 9:27). Este hombre será un gran orador con una gran capacidad para seducir a las masas con su discurso ilusionante, como dice la profecía: «También se le dio boca que hablaba grandes cosas y blasfemias» (Ap 13:5). Y para desgracia de la humanidad, los líderes políticos del mundo caerán bajo su trampa, pues lo verán como el elegido para arreglar este mundo, y le darán los reinos para que él reine sobre todos. Por lo cual, Juan ve que a este jinete se le da una corona.

No obstante, el hecho que quizás terminará de engañar al mundo será su propia resurrección, ya que algunos teólogos creen que el anticristo será herido de muerte en algún momento —ya sea de forma literal, política o metafórica— y luego resucitará, lo que asombrará al mundo entero. Ellos se basan en la profecía que dice: «Vi una de sus cabezas como herida de muerte, pero su herida mortal fue sanada; y se maravilló toda la tierra en pos de la bestia, y adoraron al dragón que había dado autoridad a la bestia, y adoraron a la bestia, diciendo: ¿Quién como la bestia, y quién podrá luchar contra ella?» (Ap 13:3-4).

Así que este hombre logrará engañar a las masas, haciéndoles creer que él es la solución para los problemas de la seguridad, la paz, la política, la economía y la salud, pero a la mitad de los siete años mostrará su verdadero carácter, exhibiéndose como un ególatra, soberbio y autosuficiente endemoniado, que se enaltecerá sobre todos tal como dice la profecía de Daniel:

> Y el rey hará su voluntad, y se ensoberbece-
> rá, y se engrandecerá sobre todo dios; y con-
> tra el Dios de los dioses hablará maravillas, y
> prosperará, hasta que sea consumada la ira;
> porque lo determinado se cumplirá. Del Dios
> de sus padres no hará caso, ni del amor de
> las mujeres; ni respetará a dios alguno, por-
> que sobre todo se engrandecerá. Mas honrará
> en su lugar al dios de las fortalezas, dios que
> sus padres no conocieron; lo honrará con oro
> y plata, con piedras preciosas y con cosas de
> gran precio (Dn 11:36-38).

Algunos creen que eso de que no hará caso del amor de las mujeres pudiera significar que será homosexual, lo cual no se puede descartar, ya que la promiscuidad de nuestro mundo se presta para semejante caso. Sin embargo, una traducción más fiel del texto original dice: «Ese rey no respetará a los dioses de sus antepasados, ni al dios que adoran las mujeres, ni a ningún otro dios» (Dn 11:37, NVI), de modo que el enfoque del pasaje quiere más bien demostrar que no hará caso a ningún dios, ni siquiera a los dioses que las mujeres tenían antiguamente. Por eso, siguiendo esa misma línea de pensamiento, el apóstol Pablo dice que el anticristo «se opone y se levanta contra todo lo que se llama Dios o es objeto de culto; tanto que se sienta en el templo de Dios como Dios, haciéndose pasar por Dios» (2 Ts 2:4). Y el libro de Apocalipsis también añade: «Y abrió su boca en blasfemias contra Dios, para blasfemar de su nombre, de su tabernáculo, y de los que moran en el cielo» (Ap 13:6).

¿De dónde surgirá el anticristo?

Ahora bien, quiero que preste atención al siguiente pasaje profético, porque no solo nos dará más luz sobre la estrategia política que usará el anticristo para gobernar, sino que también nos puede ayudar a saber de qué país pudiera venir originalmente. Y me refiero al pasaje donde Daniel ve en visión a cuatro bestias diferentes la una de la otra que subían del mar. Él observa que la primera era como un león y tenía alas de águila. Luego ve a una segunda bestia, semejante a un oso, la cual se alzaba de un costado más que del otro, y tenía en su boca tres costillas entre los dientes. Después observa a una tercera que era semejante a un leopardo, con cuatro alas de ave y cuatro cabezas. Y luego mira a la cuarta bestia, que le impresiona mucho, porque era espantosa y terrible y en gran manera fuerte, con unos dientes grandes de hierro y diez cuernos, de los que salió después otro cuerno pequeño, que tenía ojos como de hombre y una boca que hablaba grandes cosas. Usted puede leer esa profecía entera en Daniel 7:2-8, pero la menciono solo por arriba para ir directo al punto.

El tema es que esas cuatro bestias representaban a los cuatro imperios que reinarían sobre la tierra desde el momento en que Daniel estaba viendo esta visión. La primera bestia representaba al Imperio babilónico, gobernado por Nabucodonosor, y que se expandió por todo el Medio Oriente desde 605 a. C hasta 539 a. C. El segundo que se levantó fue el Imperio medo-persa, representado por la bestia con apariencia de oso que tenía tres costillas en su boca, las cuales ilustran los tres reinos que fueron derrotados por este imperio: Babilonia, Lidia y Egipto. La tercera bestia fue tipo del Imperio griego, que llegaría para derrotar a los medo-persas bajo el liderazgo de Alejandro Magno, «El Grande». Este imperio fue tan veloz y exitoso que en tan solo diez años conquistó todo el territorio que sus enemigos previos habían controlado. No obstante, para sorpresa de muchos, Alejandro murió repentinamente siendo aún muy joven y su reino fue dividido entre sus cuatro generales.

Sin embargo, luego de un tiempo, todo ese imperio fue también derrotado por la cuarta bestia que vio Daniel en su visión, la que describió como espantosa, terrible, fuerte en gran manera y con dientes de hierro que desmenuzaban todo. La misma representaba al Imperio romano, que se extendió desde el año 30 a. C hasta el 476 d. C. por todo el Medio Oriente, el norte de África y parte de Europa. Por esto el ángel le dice a Daniel:

> La cuarta bestia será un cuarto reino en la tierra, el cual será diferente de todos los otros reinos, y a toda la tierra devorará, trillará y despedazará. Y los diez cuernos significan que de aquel reino se levantarán diez reyes; y tras ellos se levantará otro, el cual será diferente de los primeros, y a tres reyes derribará. Y hablará palabras contra el Altísimo, y a los santos del Altísimo quebrantará, y pensará en

cambiar los tiempos y la ley; y serán entrega-
dos en su mano hasta tiempo, y tiempos, y medio tiempo (Dn 7:23-25).

Así que vemos que la cuarta bestia de diez cuernos
representaba al antiguo Imperio romano, mientras que el
cuerno pequeño simboliza al anticristo que se levantará al
final del tiempo. Resulta muy llamativo que en Apocalipsis 13
veamos a la misma bestia, pero ahora representando al reino
del anticristo como tal. El pasaje dice así:

> Me paré sobre la arena del mar, y vi subir del
> mar una bestia que tenía siete cabezas y diez
> cuernos; y en sus cuernos diez diademas; y
> sobre sus cabezas, un nombre blasfemo. Y la
> bestia que vi era semejante a un leopardo, y
> sus pies como de oso, y su boca como boca de
> león. Y el dragón le dio su poder y su trono, y
> grande autoridad [...] También se le dio boca
> que hablaba grandes cosas y blasfemias; y se
> le dio autoridad para actuar cuarenta y dos me-
> ses. Y abrió su boca en blasfemias contra Dios,
> para blasfemar de su nombre, de su tabernácu-
> lo, y de los que moran en el cielo. Y se le permi-
> tió hacer guerra contra los santos, y vencerlos.
> También se le dio autoridad sobre toda tribu,
> pueblo, lengua y nación» (Ap 13:1-2, 5-7).

Al estudiar esta visión, es evidente que la bestia
de diez cuernos que Juan observa representa el reino del

anticristo, mientras que el cuerno pequeño lo representa a él como tal. Pero lo llamativo es que se use a la misma bestia de Daniel 7 para representar ahora al reino del anticristo en Apocalipsis 13, lo cual sencillamente significa que el anticristo surgirá del antiguo Imperio romano, que resucitará al final del tiempo. Por esto en Apocalipsis 17 vemos que se habla de la «resurrección» de la bestia que era, que dejó de ser, pero que volverá a surgir, afirmando que «se asombrarán viendo la bestia que era y no es, y será» (Ap 17:8).

Obviamente, esto no significa que otra vez veremos a un César y soldados romanos con vestimentas típicas de la antigua Roma. Como tampoco significa que de la misma ciudad de Roma saldrá el anticristo, necesariamente. Lo que significa en realidad es que de las naciones o el territorio que gobernó Roma en su momento surgirán tanto el anticristo como los diez cuernos, los cuales tipifican a diez reyes que se unirán para darle su poder. Por eso la Escritura dice: «Y los diez cuernos que has visto, son diez reyes, que aún no han recibido reino; pero por una hora recibirán autoridad como reyes juntamente con la bestia. Estos tienen un mismo propósito, y entregarán su poder y su autoridad a la bestia» (Ap 17:12-13).

El antiguo Imperio romano reinó sobre toda la región del norte de África, el Medio Oriente y parte de Europa, donde encontramos actualmente países como Iraq, Siria, Egipto, Israel, Grecia y otros. Por lo que de ese territorio antiguamente controlado por Roma se formará una alianza de diez naciones con el propósito de entregarle el control del mundo al anticristo. Este de seguro también tendrá sus raíces muy posiblemente en alguno de esos países que antes fue controlado por Roma, ya sea porque nazca allí, sus padres sean de aquella región, o incluso sea en su momento el presidente de alguna de esas naciones. Por ello hemos estado viendo un auge y un resurgimiento en el viejo continente, Europa y el Medio Oriente, mientras que Estados Unidos está perdiendo autoridad y relevancia, ya que está profetizado que así sucederá.

¿Iraq y Siria?

Algunos teólogos van un poco más profundo en cuanto al lugar de origen del anticristo, asegurando que provendrá en específico de Iraq o Siria. Ellos se basan en el capítulo 8 de Daniel, donde se profetiza acerca de un carnero de dos cuernos que era afrentado y derrotado por un macho cabrío de un solo cuerno, lo que representa la victoria que Alejandro Magno obtuvo sobre los medo-persas. Sin embargo, luego se observa que el cuerno del macho cabrío es quebrantado y cuatro nuevos cuernos salen en su lugar, los cuales representan a los cuatro generales que dividieron el reino de Alejandro cuando murió: Casandro, Lisímaco, Tolomeo Sóter y finalmente Seleuco Nicanor, quien se quedó con toda la región de Siria y la antigua Mesopotamia, que incluye partes de Iraq y Siria principalmente. Pero lo más relevante de la visión, en cuanto al tiempo del fin, es que se habla de un cuerno pequeño que nace:

> Y de uno de ellos salió un cuerno pequeño,
> que creció mucho al sur, y al oriente, y hacia
> la tierra gloriosa. Y se engrandeció hasta el

ejército del cielo; y parte del ejército y de las estrellas echó por tierra, y las pisoteó. Aun se engrandeció contra el príncipe de los ejércitos, y por él fue quitado el continuo sacrificio, y el lugar de su santuario fue echado por tierra (Dn 8:9-11).

La profecía de este cuerno pequeño que Daniel ve tuvo doble cumplimiento, como muchas otras de la Biblia, ya que por un lado se refirió a Antíoco Epífanes, un descendiente de Seleuco que se encendió en ira contra Jerusalén, entrando en la ciudad y tomando posesión de ella por siete años a partir del 171 a. C. Él profanó el templo judío, colocando una estatua suya en el Lugar Santísimo del templo y ofreciendo un cerdo en el altar de los sacrificios, lo cual era abominable para los judíos y constituye una señal de lo que hará el anticristo en la gran tribulación.

No obstante, es evidente que la profecía no solo hace referencia a él, sino también al anticristo que vendrá para el tiempo del fin, ya que hay detalles que solo se pueden explicar bajo el contexto de Apocalipsis. Por ejemplo, se dice que ese cuerno se engrandeció hasta alcanzar el ejército del cielo, derribó algunas estrellas y las pisoteó (Dn 8:10), en una clara referencia a la rebelión de Lucifer, quien poseerá al anticristo. Además, sobre este personaje se afirma que no hará caso del Dios de sus padres, ni del amor de las mujeres, ni respetará a dios alguno, ya que sobre todo se engrandecerá (Dn 11:37), pero Antíoco sí fue un hombre religioso que adoptó las creencias de sus padres. El anticristo, por otro lado, sí será ateo. Y por último, en el mismo Daniel 11:45 se da a entender que este personaje moriría en Palestina, donde está el valle de Armagedón, que es el lugar donde morirá el anticristo, mientras que Antíoco Epífanes murió en Persia.

Ahora bien, la razón por la cual muchos usan esta profecía para tratar de averiguar el país de origen del anticristo es que, al igual que Antíoco Epífanes surgió de la región que hoy sería Iraq y Siria, la cual gobernó el general Seleuco, también pudiera provenir de ahí el segundo personaje que le dará cumplimiento a esa profecía del cuerno pequeño, el anticristo mismo.

En adición, también es curioso encontrar en el Antiguo Testamento profecías de un tal asirio que vendrá a invadir Jerusalén y al cual Dios matará al final de los tiempos (Is 10:12; Mi 5:5). Por lo cual, muchos teólogos creen que el anticristo pudiera venir específicamente de uno de estos países, ya sea política o incluso congénitamente, pues además él decapitará en la gran tribulación a los seguidores de Cristo, una práctica que no es permitida en ninguna parte del mundo, salvo en ciertos países del Medio Oriente donde se practica un islamismo radical.

El Mahdi de los musulmanes

De hecho, ¿sabía usted que los musulmanes tienen una «profecía» sobre un mesías musulmán que reinará sobre ellos y someterá a los judíos? Sí, así como los judíos esperan un mesías judío, también los musulmanes están esperando un líder musulmán al cual llaman «el Mahdi», quien según ellos unirá a todas las naciones islámicas bajo una misma alianza para reinar sobre el mundo entero y someter a los infieles. Evidentemente, los cristianos no creemos que el Corán sea la palabra de Dios, ni que sus profecías estén acertadas. Sin embargo, es curioso que lo que ellos esperan para el fin de los tiempos se parece mucho a lo que la Biblia profetiza que sucederá.

En resumen, sin duda alguna, el anticristo y su reino tendrán algún tipo de vínculo con el mundo islámico. Y eso explica que estemos viendo tanto protagonismo mediático en los países del Medio Oriente, celebrando eventos como el mundial de fútbol en sus tierras para atraer turistas, así como comprando organizaciones importantes de Europa y Estados Unidos. Sencillamente, todo es parte de la preparatoria para el reino del anticristo.

El engaño a Israel

De igual forma, no solo las naciones gentiles de la tierra, incluyendo a los árabes, serán engañadas y seducidas por el anticristo, sino que también los judíos pensarán que él es el mesías. Esa será una de las tareas más importantes en las prioridades del anticristo, y quizás la profecía de mayor importancia en el plano profético.

Dado que Israel rechazó al Mesías verdadero, ellos todavía están esperando que surja un salvador. Y cuando el anticristo se manifieste, pensarán que es el elegido debido a su apariencia de piedad, su supuesto amor por Israel, sus grandes milagros y sobre todo su arte para negociar y proteger a Israel, porque se cree que él logrará establecer un tratado de paz entre Israel y las naciones árabes, solucionando así un conflicto que nadie jamás ha podido resolver.

Desde que Israel fue declarado estado independiente, el 14 de mayo de 1948, hemos visto numerosos intentos por parte de los árabes de destruirlos, como la guerra de los cinco países árabes que se unieron para atacarlo a solo horas de haberse declarado su independencia, o como la guerra de los seis días (1967), por ejemplo. Y aunque nadie ha podido establecer la paz en el Medio Oriente, también es verdad que en los últimos años se ha visto cierto progreso, como lo que ocurrió en septiembre del año 2020 cuando se arregló un tratado que muchos ven como «el acuerdo del siglo», en el que Israel firmó la normalización de sus relaciones con los Emiratos Árabes Unidos y Bahrein, a los cuales luego se añadió Marruecos. A este acuerdo se le llamó el Acuerdo de Abraham, lo cual tiene una trascendencia profética impresionante.

Y esto es importante porque las profecías bíblicas dan a entender que para el tiempo del fin, efectivamente sí se lograrán ciertos acuerdos y pactos de paz entre Israel y varios países del Medio Oriente, pero tales acuerdos se romperán de repente, dejando a Israel desprotegido. Y será en ese momento que el anticristo *confirmará* el pacto o el tratado de paz para proteger a Israel, por lo cual dice la profecía: «Y por otra semana confirmará el pacto con muchos; a la mitad de la semana hará cesar el sacrificio y la ofrenda» (Dn 9:27). Note que se afirma que el anticristo confirmará un pacto que ya habrá estado desde antes. Y esto admirará a Israel, que lo verá como el salvador y protector que necesitaban.

Como parte de ese éxito en las negociaciones, el anticristo logrará también la reconstrucción del tercer templo, lo cual solo se pudiera dar gracias a una histórica hazaña de negociación entre judíos y árabes que nunca se ha visto. Sabemos por la Biblia que en Jerusalén hubo un primer templo construido por Salomón, pero que fue derribado por Nabucodonosor y los babilonios. El segundo templo que levantó Nehemías y que fuera luego mejorado por Herodes el Grande resultó también destruido por el general Tito en el año 70 d. C. Por lo tanto, durante dos mil años Israel no ha tenido templo alguno para adorar y realizar sus ritos. Sin embargo, en el Antiguo Testamento hay pasajes como Ezequiel 40 y Daniel 9:27, los cuales profetizan que se levantará un tercer templo. Aun en el Nuevo Testamento encontramos una profecía similar, cuando señala que el anticristo «se opone y se levanta contra todo lo que se llama Dios o es objeto de culto; tanto que se sienta en el *templo de Dios* como Dios, haciéndose pasar por Dios» (2 Ts 2:4, énfasis añadido). El apóstol Juan también tiene una visión de ese templo que será construido.

Entonces me fue dada una caña semejante a una vara de medir, y se me dijo: Levántate, y mide el templo de Dios, y el altar, y a los que adoran en él. Pero el patio que está fuera del templo déjalo aparte, y no lo midas, porque ha sido entregado a los gentiles; y ellos hollarán la ciudad santa cuarenta y dos meses (Ap 11:1-2).

Si las profecías indican que habrá un tercer templo donde el anticristo se sentará, esto significa que se reedificará el templo para el final de los tiempos. Sin embargo, el problema es que hasta el día de hoy nadie ha podido lograrlo debido al conflicto entre judíos y palestinos. Actualmente, hay evidencia de que los judíos tienen ya todo listo para levantar el templo. Pero el problema radica en que se cree que la posición del antiguo templo está precisamente debajo de la Mezquita de Omar, la cual le pertenece a los musulmanes y está considerada como uno de los tres lugares más sagrados del islam. Para que los judíos construyan su templo, tendrían que derribar esta mezquita, y eso comenzaría seguramente la guerra más sangrienta de la historia. No obstante, cuando el anticristo se manifieste, él logrará unir temporalmente a los judíos y árabes para lograr la reconstrucción del tercer templo.

Cabe decir también que para que los judíos elijan al anticristo como su mesías y lo dejen entrar en el templo, él tendrá que ser de sangre judía, pues los judíos son bien nacionalistas y estrictos en cuanto a estudiar el linaje de cada persona. La profecía dice que «del Dios de sus padres no hará caso» (Dn 11:37). Y no sería la primera vez que un judío de sangre se levanta en odio contra su propio pueblo. Algunos teólogos han afirmado incluso que pudiera ser de la tribu de Dan, porque esta fue excluida de los ciento cuarenta y cuatro mil sellados en Apocalipsis 7, y además por las palabras proféticas de Jacob acerca de él: «Será Dan serpiente junto al camino, víbora junto a la senda, que muerde los talones del caballo, y hace caer hacia atrás al jinete» (Gn 49:17). Sea como fuere, lo que sí parece claro es que tendrá sangre judía por algún lado de su familia, además de algún vínculo con el mundo islámico, lo cual no sería imposible, ya que pudiera haber alguien de padre judío y madre musulmana, por ejemplo.

Sin embargo, la profecía bíblica también advierte que a la mitad de los siete años el anticristo entrará en el templo y lo profanará (Dn 9:27), haciéndose pasar por Dios mismo. Y será entonces que Israel se dará cuenta de que fueron engañados y huirán al desierto, como enseñan Apocalipsis 13:7 y Apocalipsis 12:6. Pero en un siguiente capítulo ya hablaremos más sobre la persecución hacia Israel y el plan de Dios con ellos para restaurarlos.

Poder engañoso

Ahora, permítame entrar en aguas profundas a continuación al responder a esta gran pregunta: ¿por qué logrará este impío engañar a tantas naciones y seducir a las personas? No solo será a causa de su buena oratoria, su diplomacia o su capacidad de negociar acuerdos de paz, sino que habrá algo más. Se trata de un tema mucho más tenebroso y diabólico. Y es que el mismo diablo, el dragón, le dará al anticristo todo su poder y autoridad para realizar grandes señales y milagros y engañar a las personas. La Palabra dice: «Y el dragón le dio su poder y su trono, y grande autoridad» (Ap 13:2). La Biblia también declara que el anticristo será un «inicuo cuyo advenimiento es por obra de Satanás, con gran poder y señales y prodigios mentirosos, y con todo engaño de iniquidad para los que se pierden, por cuanto no recibieron el amor de la verdad para ser salvos» (2 Ts 2:9-10).

El anticristo se manifestará por obra de Satanás mismo, que le dará su poder, su trono y gran autoridad, y esto nos habla del gran poder y la autoridad diabólica que ese hombre tendrá para realizar los milagros y las señales con los cuales engañará al mundo. La profecía bíblica añade:

> También hace grandes señales, de tal manera que aun hace descender fuego del cielo a la tierra delante de los hombres. Y engaña a los moradores de la tierra con las señales que se le ha permitido hacer en presencia de la bestia, mandando a los moradores de la tierra que le hagan imagen a la bestia que tiene la herida de espada, y vivió. Y se le permitió infundir aliento a la imagen de la bestia, para que la imagen hablase e hiciese matar a todo el que no la adorase (Ap 13:13-15).

Todo esto indica que ese hombre podrá hacer milagros asombrosos y hablará palabras embriagadoras, al igual que lo hizo la serpiente con Eva, logrando convencer a los impíos. No obstante, la Biblia revela que la razón de su éxito no solo se deberá al poder que el diablo le dará, sino también a que Dios lo permitirá a manera de juicio sobre los pecadores que no se arrepintieron en el tiempo de la gracia. Dice la Palabra que: «Por esto Dios les envía un poder engañoso, para que crean la mentira, a fin de que sean condenados todos los que no creyeron a la verdad, sino que se complacieron en la injusticia» (2 Ts 2:11-12).

Actualmente, la puerta de la salvación está abierta para que las personas sean salvas al aceptar a Cristo Jesús como Salvador. Pero en el momento en que la iglesia sea arrebatada, la oportunidad para los gentiles terminará y Dios les enviará un espíritu de engaño para que crean las mentiras del anticristo por haber rechazado la gracia. En el primer libro de Reyes, vemos que Dios les envió un espíritu de engaño a los profetas del perverso rey Acab a manera de juicio para que lo condujeran a su propia ruina.

> Y salió un espíritu y se puso delante de Jehová, y dijo: Yo le induciré. Y Jehová le dijo: ¿De qué manera? Él dijo: Yo saldré, y seré espíritu de mentira en boca de todos sus profetas. Y él dijo: Le inducirás, y aun lo lograrás; ve, pues, y hazlo así. Y ahora, he aquí Jehová ha puesto espíritu de mentira en la boca de todos tus profetas, y Jehová ha decretado el mal acerca de ti (1 R 22:21-23).

De igual manera, en la gran tribulación, Dios mismo permitirá que el anticristo engañe a los incrédulos para que se pierdan por haber rechazado la salvación. Y por eso será muy difícil que algún gentil inconverso se salve en aquel tiempo. Todo indica que en la gran tribulación solo serán salvos los judíos que se conviertan al evangelio y aquellos que eran supuestos creyentes previamente, pero que no se fueron en el arrebatamiento por no tener aceite en sus lámparas, aunque tendrán que dar su cabeza por causa de Cristo para ser salvos. No obstante, los inconversos gentiles, aquellos que no aceptaron la salvación durante el tiempo de la gracia, serán engañados totalmente por el anticristo para ser condenados eternamente.

Si hay alguien leyendo este libro que todavía no le ha entregado su vida a Cristo y está huyendo de Él, lo quiero aconsejar con amor. ¡Arrepiéntase hoy, porque pronto el tiempo se acabará! Una vez que se cierre la puerta del arca, la ira de Dios caerá sobre la tierra y no habrá escapatoria.

La marca de la bestia: el 666

Por otro lado, a aquellas personas que el anticristo logre engañar, él los hará ponerse en su mano derecha o en su frente una marca que será la señal de pertenencia y fidelidad a su gobierno y leyes. La profecía bíblica dice de la siguiente manera:

> Y hacía que a todos, pequeños y grandes, ricos y pobres, libres y esclavos, se les pusiese una marca en la mano derecha, o en la frente; y que ninguno pudiese comprar ni vender, sino el que tuviese la marca o el nombre de la bestia, o el número de su nombre. Aquí hay sabiduría. El que tiene entendimiento, cuente el número de la bestia, pues es número de hombre. Y su número es seiscientos sesenta y seis (Ap 13:16-18).

Al leer esta profecía, podemos observar algunos detalles importantes. En primer lugar, se nos enseña que la marca que el anticristo creará será lanzada para el mundo entero en toda nación y geografía, independientemente del estatus social. Pequeños, grandes, ricos, pobres, libres, esclavos... todo el mundo será obligado a usar esta marca. Recordemos que el anticristo creará un solo gobierno en la tierra, un Nuevo Orden Mundial quizás, con un solo presidente mundial, con nuevas leyes y reglamentos que aplicarán para todo el mundo. Y lo presentará como la solución que las naciones habían estado necesitando para lograr la paz y la seguridad, remediando muchos de los problemas que la humanidad tiene hoy en día, como la salud, la medicina, la seguridad bancaria y muchos otros.

Tal parece que esta marca será propuesta inicialmente de manera opcional, pero llegará el momento en que será obligatoria para todo ciudadano del nuevo mundo. El anticristo y el falso profeta seducirán a la población, diciendo que tal marca es necesaria para que podamos vivir quietamente, y que por lo tanto cualquiera que se niegue a ponérsela será considerado un enemigo de la paz y el bienestar público. Como consecuencia, el anticristo los perseguirá para matarlos. Y lo más triste es que los reinos del mundo le darán el permiso para hacerlo.

Tan solo consideremos lo que acaba de suceder en nuestro mundo hace un par de años para que veamos cómo la población mundial puede caer en el odio hacia un sector con facilidad. Luego de que llegara la pandemia del Covid-19, los gobiernos lanzaron una supuesta solución o antídoto para este virus, inyectando a la gente. Al principio, lo promovieron de forma muy democrática para aquellos que voluntariamente lo desearan. Pero con el paso de los meses, aquella «inyección» se convirtió en algo casi obligatorio, porque se les prohibió viajar en avión, y hasta entrar a ciertos negocios, a aquellos que no tuvieran el carnet de haber recibido la «medicina». Pero además, muchas personas que estaban a favor de la medida se lanzaron llenas de odio y desprecio hacia los que habían decidido no inyectarse aquello en su cuerpo, considerándolos enemigos de la paz y el bienestar social.

Pues en la gran tribulación sucederá algo peor y de mayor magnitud. Toda persona que no se quiera poner la marca de la bestia no solo será aborrecida por sus vecinos, sino que también será perseguida por el gobierno del anticristo. De igual forma, en aquel tiempo, muchos familiares y vecinos entregarán a sus seres queridos al gobierno del anticristo por no llevar la marca de la bestia.

Jesús les aconsejó en Mateo 24 a los judíos que los que estuvieran vivos para aquel entonces huyeran a donde pudieran:

> Entonces los que estén en Judea, huyan a los montes. El que esté en la azotea, no descienda para tomar algo de su casa; y el que esté en el campo, no vuelva atrás para tomar su capa. Mas ¡ay de las que estén encintas, y de las que críen en aquellos días! Orad, pues, que vuestra huida no sea en invierno ni en día de reposo; porque habrá entonces gran tribulación, cual no la ha habido desde el principio del mundo hasta ahora, ni la habrá (Mt 24:16-21).

Con el nivel de tecnología y el control político que estamos teniendo en nuestros días, junto con la falta de privacidad que ya existe, creo que será sumamente imposible esconderse en aquel entonces. El anticristo tendrá a su disposición la mejor tecnología del mundo, los mejores soldados y los mejores satélites para encontrar a todo aquel que no se ponga su marca. Además, no solo habrá persecución, sino que será prácticamente imposible sobrevivir sin esta marca, porque la Biblia dice que nadie podrá comprar ni vender si no tiene la marca de la bestia (Ap 13:17). Y todo eso forzará a muchas personas a ceder para poder comprar alimentos, trabajar y sobrevivir. Será el más terrible gobierno dictatorial y la mayor privación de la libertad y la democracia de toda la historia.

El pasaje muestra que esta marca será puesta en la mano derecha o en la frente (Ap 13:16), lo cual, aunque se trata de algo literal, es a la vez un símbolo de la autoridad y la identidad de las personas, quienes serán absorbidas por este diabólico personaje. Y lo más probable es que no se trate de un mero tatuaje, sino de algo electrónico, como un microchip quizás, insertado debajo de la piel y que podrá ser escaneado. Hoy en día estamos viendo numerosas noticias sobre los avances en la tecnología y los microchips que se han creado para mejorar la calidad de vida de las personas. Se ha comprobado que con pequeños chips, del tamaño de un grano de arroz, se puede manejar el dinero, la identidad de la persona, abrir puertas de seguridad electrónicas, manejar la salud del cuerpo y muchas otras cosas. De hecho, hasta se están creando ya microchips para ser insertados en el cerebro con distintos propósitos. Y todo esto, aunque aparentemente lleva buena intención, en realidad está preparando la plataforma para el lanzamiento de la marca de la bestia. Por esto, personalmente, creo que se tratará de algo de esa índole.

Sin embargo, la Biblia enseña además que este chip o marca llevará el nombre y el número de la bestia misma. La profecía dice que nadie podrá comprar ni vender, «sino el que tuviese la marca o el *nombre* de la bestia, o el *número* de su nombre [...] *Y su número es seiscientos sesenta y seis*» (Ap 13:17-18, énfasis añadido).

A través de los siglos, muchas personas se han puesto a especular en cuanto a cuáles líderes mundiales de su momento tenían nombres que sumaran 666 de alguna manera, o alguna relación con el número. Sin embargo, la realidad es que hasta que se manifieste el anticristo, nadie sabrá quién es, aunque su nombre sí tendrá algún vínculo con el número 666.

En términos espirituales, este número 666 representa el humanismo y la actitud satánica con la cual reinará el anticristo, porque esto será una burla a Dios y una acción de rebeldía contra Él. El número seis en la Biblia representa al hombre. Por lo que cuando las Escrituras dicen que el nombre y la marca del anticristo será el 666, está hablando de una actitud rebelde contra Dios, con la que se niega al Padre, al Hijo y al Espíritu Santo. Por eso se emplea tres veces el número seis, como diciendo que lo único que importa es el hombre, el hombre y nada más que el hombre. Por tanto, el que reciba la marca le estará declarando la guerra a Dios, así que quedará condenado como la profecía lo anuncia:

Si alguno adora a la bestia y a su imagen, y recibe la marca en su frente o en su mano, él también beberá del vino de la ira de Dios,

que ha sido vaciado puro en el cáliz de su ira;
y será atormentado con fuego y azufre delante de los santos ángeles y del Cordero; y el
humo de su tormento sube por los siglos de
los siglos. Y no tienen reposo de día ni de noche los que adoran a la bestia y a su imagen,
ni nadie que reciba la marca de su nombre
(Ap 14:9-11).

Estimado amigo, el anticristo sí es una persona real y,
cuando la iglesia sea levantada, nadie podrá impedir su manifestación. Por lo que de hecho creo que ya este hombre
pudiera estar en medio nuestro y tal vez ya esté dando sus
primeros pasos en la política para ganar reputación y tener
luego los avales suficientes a fin de ser propuesto como el
líder del mundo. Pudiera ser un presidente, un líder religioso, un político embajador y negociador de la paz; o bien pudiera ser alguien sin demasiada historia política, así como el
cuerno pequeño que vio Daniel (Dn 7:8), reflejando quizás
que será alguien que saldrá de la nada, siendo alguien políticamente insignificante en sus inicios, pero que se levantará
con tal fuerza y poder que engañará al mundo entero. No lo
sabemos, lo que sí sabemos es que él no se puede manifestar
hasta que la iglesia sea levantada, y cuando lo haga, engañará al mundo de una manera terrible para condenarlos al
infierno eternamente.

Sin embargo, quiero cerrar el capítulo diciendo que
solo hay un Rey de reyes y un Señor de señores, y ese es
Cristo Jesús, el cual en su venida derrotará al anticristo y su
gobierno, así como estudiaremos más adelante en este libro.

CAPÍTULO 5

La gran tribulación: los sellos, las trompetas y las copas de la ira

Como les adelanté en el capítulo anterior, todo indica que el anticristo gobernará por un período total de siete años, los cuales comenzarán con el arrebatamiento de la iglesia y concluirán con la segunda venida visible de Cristo a la tierra, cuando matará al anticristo y al falso profeta con el espíritu de su boca (2 Ts 2:8). Sin embargo, es importante saber que estos siete años se dividirán en dos etapas, conocidas teológicamente como «la tribulación» y «la gran tribulación».

Aunque el anticristo reinará siete años, a la mitad de estos habrá un cambio de ciclo que será determinante para el cumplimiento de las profecías (Dn 9:27). Los tres primeros años, aunque se les conoce como «tribulación», en realidad no son de persecución, sino de engaño y establecimiento del reino del anticristo. En el capítulo anterior aprendimos que con la apertura del primer sello el anticristo se manifestará con un gran poder engañoso para confundir a las personas y hacer que el mundo se rinda a sus pies. Aprendimos también que este personaje creará un solo gobierno, una sola religión, un tratado de paz para todo el mundo, y en especial para el Medio Oriente. Pero todo eso llevará tiempo, por lo que los primeros tres años y medio se tratan solo de un tiempo de engaño durante el cual el anticristo podrá establecer su imperio dictatorial.

No obstante, cuando se cumplan los tres años y medio, comenzará entonces la segunda fase de la tribulación, conocida en la Biblia como «la gran tribulación», que durará también tres años y medio, «y será tiempo de angustia, cual nunca fue desde que hubo gente hasta entonces» (Dn 12:1). La Escritura luego añade que «será por tiempo, tiempos, y la mitad de un tiempo» (Dn 12:7). En esta profecía, la palabra «tiempo» se refiere al período de un año, por lo que se da a entender que este período durará tres años y medio. También en Apocalipsis 12, donde se habla de la persecución que el anticristo ejercerá sobre Israel, vemos que dice que «se le dieron a la mujer las dos alas de la gran águila, para que volase de delante de la serpiente al desierto, a su lugar, donde es sustentada por un tiempo, y tiempos, y la mitad de un tiempo» (Ap 12:14). Y por último, en Apocalipsis 13 se indica que «se le dio boca que hablaba grandes cosas y blasfemias; y se le dio autoridad para actuar cuarenta y dos meses» (Ap 13:5). En ese segundo período de gran tribulación, el anticristo cambiará su estrategia, mostrando su verdadero carácter malvado. Él perseguirá a Israel, decapitará a los creyentes en Cristo y obligará a todos a usar su marca 666. Sin embargo, la gran tribulación se caracterizará principalmente por los terribles juicios de Dios que sobrevendrán sobre la tierra para castigar a los pecadores. La ira divina descenderá del cielo de la misma forma que sucedió en el diluvio (Gn 7) y en Sodoma y Gomorra (Gn 19), solo que esta vez será mucho peor, porque no solo la gente morirá, sino que habrá previamente tanto sufrimiento que Jesús mismo lo definió diciendo que «habrá entonces gran tribulación, cual no la ha habido desde el principio del mundo hasta ahora, ni la habrá» (Mt 24:21).

Es verdad que la Biblia enseña que Dios es amor, pero muchos ignoran que Él es también fuego consumidor que devora a sus enemigos (Heb 12:29). A través de la historia hemos visto la arrogancia del hombre impío, rebelándose contra Dios, blasfemando contra Él y aprobando leyes en contra de su Palabra. Y por algún tiempo Dios ha sido paciente y misericordioso, sin actuar según lo que la humanidad merece con el fin de darle tiempo para que se arrepienta. Y en gran medida, la iglesia es responsable de la prolongación de esa misericordia sobre nuestro mundo, ya que ejercemos de cierta manera el oficio del sacerdocio, rogando a Dios a favor de los nuestros. Sin embargo, cuando la iglesia sea levantada, ya no habrá nada más que detenga la ira de Dios, quien mandará grandes juicios sobre la tierra. «¡Horrenda cosa es caer en manos del Dios vivo!» (Heb 10:31). Por eso el apóstol Pablo advirtió de la siguiente manera:

> ¿O menosprecias las riquezas de su benignidad, paciencia y longanimidad, ignorando que su benignidad te guía al arrepentimiento? Pero por tu dureza y por tu corazón no arrepentido, atesoras para ti mismo ira para el día de la ira y de la revelación del justo juicio de Dios, el cual pagará a cada uno conforme a sus obras: vida eterna a los que, perseverando en bien hacer, buscan gloria y honra e inmortalidad, pero ira y enojo a los que son contenciosos y no obedecen a la verdad, sino que obedecen a la injusticia; tribulación y angustia sobre todo ser humano que hace lo malo (Ro 2:4-9).

En este capítulo vamos a estudiar la mayoría de los sucesos y juicios que tendrán lugar en la gran tribulación según el orden en que la Biblia los presenta.

El segundo sello

En el pasado capítulo aprendimos sobre el primero de los siete sellos que será abierto, el cual representa la manifestación engañosa del anticristo y abarcará toda la primera parte de los siete años de tribulación. No obstante, cuando comience la segunda etapa de la gran tribulación, se le dará apertura al segundo sello y al resto de ellos en su orden respectivo.

En cuanto a la apertura del segundo sello, la Palabra dice así: «Cuando abrió el segundo sello, oí al segundo ser viviente, que decía: Ven y mira. Y salió otro caballo, bermejo; y al que lo montaba le fue dado poder de quitar de la tierra la paz, y que se matasen unos a otros; y se le dio una gran espada» (Ap 6:3-4).

Este segundo jinete, montado sobre un caballo de color rojizo y que llevaba una gran espada, representa la guerra que se desatará sobre toda la tierra. El pasaje señala que a este jinete le fue dado el poder de quitar de la tierra la paz, lo que da a entender que el anticristo sí logrará cierta paz sobre la tierra, aunque falsa y temporal, a través de los tratados de paz que hará en el Medio Oriente y todo el mundo. No obstante, cuando el Cordero abra el segundo sello, todo el engaño del anticristo se derrumbará y la guerra que tanto la gente había temido vendrá a la tierra, los tratados de paz serán rotos y se volverá nación contra nación, dando así por inválido el enunciado de paz y seguridad.

En la visión de Daniel 7, donde el anticristo es presentado como un cuerno pequeño que surge de la bestia con diez cuernos, se afirma que derribaría a otros tres cuernos en su manifestación: «Y los diez cuernos significan que de aquel reino se levantarán diez reyes; y tras ellos se levantará otro, el cual será diferente de los primeros, y a tres reyes derribará» (Dn 7:24). Tal parece que de los mismos diez reyes que harán alianza para darle el trono al anticristo, tres de ellos se rebelarán contra él en algún momento, lo cual pudiera ser uno de los factores de la guerra que se desatará. También, el tratado de paz que el anticristo habrá hecho con Israel se romperá, y esto provocará la guerra entre las naciones árabes e Israel; este último se defenderá, pero se verá superado y tendrá que huir al desierto como veremos más adelante.

Además, seguramente se desatarán numerosas guerras civiles y disturbios en los pueblos, creando un caos mundial. Y todo como resultado de haber puesto su confianza en el hombre y no en Dios. La Biblia establece: «Maldito el varón que confía en el hombre, y pone carne por su brazo, y su corazón se aparta de Jehová» (Jeremías 17:5). Aunque el anticristo prometerá paz y seguridad, cuando llegue la gran tribulación no la podrá conseguir más. Hay uno solo a quien la Biblia llama «Príncipe de Paz» (Is 9:6), y ese es Jesús.

El tercer sello

Cuando el Cordero abre el tercer sello, Juan lo describe así: «Cuando abrió el tercer sello, oí al tercer ser viviente, que decía: Ven y mira. Y miré, y he aquí un caballo negro; y el que lo montaba tenía una balanza en la mano. Y oí una voz de en medio de los cuatro seres vivientes, que decía: Dos libras de trigo por un denario, y seis libras de cebada por un denario; pero no dañes el aceite ni el vino» (Ap 6:5-6).

Este tercer jinete representa el hambre y la escasez que vendrán sobre toda la tierra como resultado de las grandes guerras que tuvieron lugar luego de la apertura del sello anterior. La balanza en la mano del jinete era el instrumento usado antiguamente para calcular el precio de los alimentos. La frase «dos libras de trigo por un denario, y seis libras de cebada por un denario» nos anuncia una inflación como nunca antes, ya que un denario en el tiempo de Juan era el salario de un día en moneda romana. Esto indica que el sueldo de un día solo alcanzará para comprar dos libras de trigo o seis libras de cebada; es decir, una persona tendrá que trabajar toda una jornada para obtener únicamente la comida suficiente para ese día.

La Biblia relata acerca de una gran hambruna e inflación que hubo en Samaria en el tiempo del profeta Eliseo, cuando «la cabeza de un asno se vendía por ochenta piezas de plata, y la cuarta parte de un cab de estiércol de palomas por cinco piezas de plata» (2 R 6:25). El pasaje además narra que había tanta desesperación que las mujeres se estaban comiendo a sus propios hijos, cayendo en el canibalismo. Por lo tanto, si así fue allá en ese tiempo, imaginemos cómo será durante la gran tribulación, cuando se padecerá la miseria y el hambre como nunca antes en la tierra.

Sin embargo, resulta esperanzador leer que a este tercer jinete del caballo negro se le ordena no tocar «el aceite ni el vino». Mucho se ha debatido sobre qué pudieran significar estos dos elementos que el hambre no puede tocar. Y aunque algunos piensan que se refiere a ciertos tipos de alimentos que no escasearán, todo parece indicar que se trata de un mensaje simbólico acerca de la protección de Dios sobre el pueblo de Israel, el cual será sustentado por Él para que las plagas no los toquen, como sucedió en el desierto a la salida de Egipto o como fuera alimentado Elías en el arroyo de Querit (1 R 17).

El cuarto sello

En el cuarto sello vemos al último de los cuatro jinetes, y Juan lo describe así: «Cuando abrió el cuarto sello, oí la voz del cuarto ser viviente, que decía: Ven y mira. Miré, y he aquí un caballo amarillo, y el que lo montaba tenía por nombre Muerte, y el Hades le seguía; y le fue dada potestad sobre la cuarta parte de la tierra, para matar con espada, con hambre, con mortandad, y con las fieras de la tierra» (Ap 6:7-8).

Este cuarto sello nos presenta un cuadro terrible que vendrá como resultado de la guerra después del segundo sello y el hambre luego del tercero, y se trata de la misma muerte, la cual tocará la vida del 25% de la población mundial, es decir, la cuarta parte de la tierra. Más de mil novecientos millones de personas morirán debido a las guerras, el hambre, las pestilencias y las fieras salvajes. Esto se parece mucho a lo que Ezequiel había profetizado cuando dijo: «Por lo cual así ha dicho Jehová el Señor: ¿Cuánto más cuando yo enviare contra Jerusalén mis cuatro juicios terribles, espada, hambre, fieras y pestilencia, para cortar de ella hombres y bestias?» (Ez 14:21).

Sencillamente, será un tiempo terrible de gran ira celestial sobre el mundo entero, y nadie podrá pararlo, porque Dios estará airado contra las naciones.

El quinto sello

Cuando el Cordero abre el quinto sello, Juan observa la siguiente visión, que relata una de las profecías que más asustan a muchos creyentes: «Cuando abrió el quinto sello, vi bajo el altar las almas de los que habían sido muertos por causa de la palabra de Dios y por el testimonio que tenían. Y clamaban a gran voz, diciendo: ¿Hasta cuándo, Señor, santo y verdadero, no juzgas y vengas nuestra sangre en los que moran en la tierra? Y se les dieron vestiduras blancas, y se les dijo que descansasen todavía un poco de tiempo, hasta que se completara el número de sus consiervos y sus hermanos, que también habían de ser muertos como ellos» (Ap 6:9-11).

Cuando el anticristo vea la ira de Dios siendo derramada sobre la tierra, destruyendo la paz y la seguridad falsas que este malvado había implantado para engañar al mundo, se volverá con gran furia contra Israel y todo aquel que se niegue a ponerse la marca 666. Apocalipsis 12 dice: «Entonces el dragón se llenó de ira contra la mujer; y se fue a hacer guerra contra el resto de la descendencia de ella, los que guardan los mandamientos de Dios y tienen el testimonio de Jesucristo» (Ap 12:17).

En la gran tribulación millones de personas se negarán a seguir al anticristo, porque sabrán lo que significa hacerlo, entre ellas estarán aquellas personas que tenían conocimiento de la Palabra, pero que en el momento del rapto se hayan quedado junto con todos los judíos que se convertirán en ese tiempo. Por lo cual, la bestia los perseguirá y matará a través de la decapitación, ya que en Apocalipsis 20:4 se les llama «decapitados» a estos mártires. Y en la apertura del quinto sello, Juan observa las almas de ellos posicionadas debajo del altar pidiendo venganza contra sus enemigos. Sin embargo, se les dice que esperen hasta que se complete el número de sus hermanos que también han de ser muertos. Es probable que la visión de Juan en Apocalipsis 7:9 de una gran multitud que estaba delante del trono y en la presencia del Cordero se refiera al momento final, cuando ya estará completado ese número de mártires. Las almas de esos santos que morirán permanecerán en el cielo durante las bodas del Cordero, pero en la segunda venida de Cristo se les permitirá resucitar para reinar con el Señor en el milenio (Ap 20:4).

El sexto sello

Las Escrituras dicen: «Miré cuando abrió el sexto sello, y he aquí hubo un gran terremoto; y el sol se puso negro como tela de cilicio, y la luna se volvió toda como sangre; y las estrellas del cielo cayeron sobre la tierra, como la higuera deja caer sus higos cuando es sacudida por un fuerte viento. Y el cielo se desvaneció como un pergamino que se enrolla; y todo monte y toda isla se removió de su lugar. Y los reyes de la tierra, y los grandes, los ricos, los capitanes, los poderosos, y todo siervo y todo libre, se escondieron en las cuevas y entre las peñas de los montes; y decían a los montes y a las peñas: Caed sobre nosotros, y escondednos del rostro de aquel que está sentado sobre el trono, y de la ira del Cordero; porque el gran día de su ira ha llegado; ¿y quién podrá sostenerse en pie?» (Ap 6:12-17).

Nunca antes, con excepción del diluvio y la destrucción de Sodoma y Gomorra, el hombre ha visto tanta ira de Dios manifestada sobre la creación. Sin embargo, cuando se abra el sexto sello, se verán cataclismos impresionantes como no lo han podido imaginar ni los mejores productores de Hollywood. Y hasta los mismos impíos tendrán que reconocer que lo que están viendo es fruto de la ira de Dios, por lo cual sentirán gran temor.

En primer lugar, habrá un gran terremoto que sacudirá la tierra tan violentamente que los montes y las islas se removerán y se desplazarán de su lugar. Luego el sol se oscurecerá por completo como sucedió en la novena plaga en Egipto (Éx 10) y la luna se volverá como sangre, refiriéndose quizás a un gran eclipse. El pasaje dice también que las estrellas caerán del cielo, tal vez haciendo alusión a una fuerte lluvia de meteoritos gigantes. Y como si fuera poco, dice además que el cielo se desvanecerá como un pergamino, lo cual será un evento que nuestra mente no puede ni siquiera imaginar. Será, sin duda, un cataclismo jamás visto en la historia, así como Jesús lo predijo en Mateo 24:29. Y la profecía indica que cuando los hombres impíos vean estos fenómenos, clamarán de pavor reconociendo que Dios está airado contra ellos, por lo que buscarán dónde esconderse. Resulta curioso que a Adán le sucedió de igual manera cuando pecó contra Dios, el pecado le provocó temor y lo impulsó a esconderse.

Sin embargo, Apocalipsis 7 presenta una visión que se pone de manifiesto entre el sexto y el séptimo sello, por lo que tenemos que mencionarla:

> Después de esto vi a cuatro ángeles en pie sobre los cuatro ángulos de la tierra, que detenían los cuatro vientos de la tierra, para que no soplase viento alguno sobre la tierra, ni sobre el mar, ni sobre ningún árbol. Vi también a otro ángel que subía de donde sale el sol,

y tenía el sello del Dios vivo; y clamó a gran
voz a los cuatro ángeles, a quienes se les había dado el poder de hacer daño a la tierra y
al mar, diciendo: No hagáis daño a la tierra,
ni al mar, ni a los árboles, hasta que hayamos
sellado en sus frentes a los siervos de nuestro
Dios (Ap 7:1-3).

Note que a pesar del fuerte terremoto y el fenómeno
en los cielos, Dios no permitirá todavía que haya un daño
masivo sobre la tierra, como sí veremos luego de la apertura
del séptimo sello. Y no lo permitirá para darle tiempo a la ta-
rea de sellar a los ciento cuarenta y cuatro mil israelitas que
serán separados para Dios. En otro capítulo aprenderemos
acerca de quiénes ellos pudieran ser.

El séptimo sello

Juan continúa relatando su visión: «Cuando abrió el séptimo
sello, se hizo silencio en el cielo como por media hora. Y vi a
los siete ángeles que estaban en pie ante Dios; y se les dieron
siete trompetas. Otro ángel vino entonces y se paró ante el
altar, con un incensario de oro; y se le dio mucho incienso
para añadirlo a las oraciones de todos los santos, sobre el
altar de oro que estaba delante del trono. Y de la mano del
ángel subió a la presencia de Dios el humo del incienso con
las oraciones de los santos. Y el ángel tomó el incensario,
y lo llenó del fuego del altar, y lo arrojó a la tierra; y hubo
truenos, y voces, y relámpagos, y un terremoto. Y los siete

ángeles que tenían las siete trompetas se dispusieron a tocarlas» (Ap 8:1-6).

Sabemos por la Biblia que el cielo es un lugar de sumo gozo y alegría, donde se alaba a Dios permanentemente con cánticos y alabanzas. No obstante, cuando se abre este séptimo sello, algo inusual sucede, y es que en el cielo se hace silencio. Cuando el cielo se calla, es porque Dios se ha levantado de su santa morada para actuar. Zacarías 2 dice: «Calle toda carne delante de Jehová; porque él se ha levantado de su santa morada» (Zac 2:13). Así que Dios se pondrá de pie para actuar y responder al clamor de su pueblo por justicia, mientras que un ángel añadirá incienso a las oraciones de los santos en el altar del incienso, el mismo debajo del cual estaban las almas de los mártires en el quinto sello. Y con la apertura de este último sello, toda la ira de Dios será derramada sobre la tierra a través de juicios que son representados por siete trompetas que los ángeles tocarán.

En el Antiguo Testamento, las trompetas servían comúnmente para anunciar eventos importantes y dar señales de alerta. De modo que cuando cada uno de estos ángeles toque la trompeta, estará dando el anuncio de un nuevo juicio divino. Consideremos qué significa cada trompeta.

La primera trompeta

«El primer ángel tocó la trompeta, y hubo granizo y fuego mezclados con sangre, que fueron lanzados sobre la tierra; y la tercera parte de los árboles se quemó, y se quemó toda la hierba verde» (Ap 8:7).

Como usted bien recordará, al final del sexto sello vimos que Dios prohibirá que la tierra sea dañada de manera fatal hasta que los ciento cuarenta y cuatro mil sean sellados (Ap 7:1-3). No obstante, cuando se les dé la orden a los ángeles de tocar las trompetas, la tierra verá los grandes juicios de Dios y habrá daños irreparables. ¿Por qué? Porque la tierra tiene que ser redimida de la maldición del pecado a la cual el hombre la sometió. Y como ella no se puede arrepentir por sí misma, Dios la tiene que purificar a través del fuego.

En el primer toque de trompeta vemos que habrá una terrible lluvia de granizo unido con fuego y sangre, lo cual pudiera indicar que el fuerte viento que traerá la lluvia de granizos matará a muchas personas y animales, provocando que la sangre se esparza por el aire y manche las piedras de granizo. Y todo esto provocará que se queme la tercera parte de la vegetación en la tierra, o sea, el 33,3% de todos los árboles, plantas y hierbas del mundo. Esto se parece mucho a lo que sucedió en Egipto (Éx 9:23) y se corresponde con lo que profetizó Joel cuando dijo: «Y daré prodigios en el cielo y en la tierra, sangre, y fuego, y columnas de humo. El sol se convertirá en tinieblas, y la luna en sangre, antes que venga el día grande y espantoso de Jehová» (Jl 2:30-31).

La segunda trompeta

«El segundo ángel tocó la trompeta, y como una gran montaña ardiendo en fuego fue precipitada en el mar; y la tercera parte del mar se convirtió en sangre. Y murió la tercera parte de los seres vivientes que estaban en el mar, y la tercera parte de las naves fue destruida» (Ap 8:8-9).

Si la primera trompeta causó daños en la vegetación por toda la tierra, la segunda causará estragos terribles en el mar, porque Juan observa algo similar a una gran montaña ardiendo en fuego que cae sobre el mar, lo cual pudiera tratarse de un meteorito o un bombardeo en algún océano. Y esto provocará tres cosas. Primera, que la tercera parte de las naves y barcos sean destruidos. Segunda, que la tercera parte de todos los peces y seres vivientes del mar mueran. Y tercera, que también una tercera parte del mar se convierta en sangre, al igual que sucedió en Egipto (Éx 7:19-21). Estos tres efectos evidentemente dañarán la pesca, causando aún más escasez y pobreza en el mundo.

La tercera trompeta

«El tercer ángel tocó la trompeta, y cayó del cielo una gran estrella, ardiendo como una antorcha, y cayó sobre la tercera parte de los ríos, y sobre las fuentes de las aguas. Y el nombre de la estrella es Ajenjo. Y la tercera parte de las aguas se convirtió en ajenjo; y muchos hombres murieron a causa de esas aguas, porque se hicieron amargas» (Ap 8:10-11).

Con el toque de la tercera trompeta el agua dulce será afectada, porque algo similar a una antorcha encendida caerá sobre la tercera parte de los ríos y las fuentes de las aguas. La Biblia le llama a esa antorcha «Ajenjo», un nombre que viene originalmente de una planta amarga del desierto que se menciona siete veces en el

Antiguo Testamento y representa aflicción y juicio amargo (Dt 29:18; Pr 5:4; Jer 9:15; 23:15; Lm 3:15, 19; Am 5:7). Al toque de la trompeta anterior vemos que el mar fue abatido por un posible meteorito, pero en esta tercera trompeta se afectarán las aguas potables, por lo que el 33,33% de las aguas dulces se convertirán en amargas o venenosas, provocando así la muerte de millones de personas. Es posible que esta gran antorcha sea un enorme asteroide que produzca gases tóxicos y venenosos que contaminarán las aguas. Encontrar agua potable será muy difícil en aquel tiempo, y los hombres se matarán unos a otros para poder sobrevivir.

La cuarta trompeta

«El cuarto ángel tocó la trompeta, y fue herida la tercera parte del sol, y la tercera parte de la luna, y la tercera parte de las estrellas, para que se oscureciese la tercera parte de ellos, y no hubiese luz en la tercera parte del día, y asimismo de la noche. Y miré, y oí a un ángel volar por en medio del cielo, diciendo a gran voz: ¡Ay, ay, ay, de los que moran en la tierra, a causa de los otros toques de trompeta que están para sonar los tres ángeles!» (Ap 8:12-13).

Cuando el cuarto ángel tocó la trompeta, Juan observa que 33,33% del sol, la luna y las estrellas resultaron «heridos» para reducir el tiempo de su resplandor. Esto provocará que los días duren menos horas, aunque las noches también tendrán menos luz de la luna. Será un juicio de tinieblas, similar al que sucedió en Egipto cuando las tinieblas invadieron el país entero (Éx 10:22).

El toque de estas primeras cuatro trompetas dejará una crisis total en la naturaleza, afectando a un tercio de la vegetación, los mares, los ríos y los astros del cielo. Pero lo peor estará aún por venir, porque después de esto Juan observa a un ángel volar por el cielo, diciendo: «¡Ay, ay, ay, de los que moran en la tierra, a causa de los otros toques de trompeta que están para sonar los tres ángeles!» (Ap 8:13). Estas alarmantes palabras avisan de la gravedad de los siguientes juicios que vendrán sobre la tierra con el toque de las siguientes trompetas, que sí afectarán directamente a la raza humana.

La quinta trompeta

«El quinto ángel tocó la trompeta, y vi una estrella que cayó del cielo a la tierra; y se le dio la llave del pozo del abismo. Y abrió el pozo del abismo, y subió humo del pozo como humo de un gran horno; y se oscureció el sol y el aire por el humo del pozo. Y del humo salieron langostas sobre la tierra; y se les dio poder, como tienen poder los escorpiones de la tierra. Y se les mandó que no dañasen a la hierba de la tierra, ni a cosa verde alguna, ni a ningún árbol, sino solamente a los hombres que no tuviesen el sello de Dios en sus frentes. Y les fue dado, no que los matasen, sino que los atormentasen cinco meses; y su tormento era como tormento de escorpión cuando hiere al hombre» (Ap 9:1-5).

A diferencia del posible meteorito y el supuesto asteroide que observamos en el segundo y el tercer toque de las trompetas, la estrella que Juan observa en esta visión pareciera tratarse no de algo, sino de alguien, porque note que se le otorga una llave, de modo que será un ser con carácter, voluntad y decisión. Y todo indica que pudiera tratarse de un ángel caído o un demonio, ya que la palabra «estrella» se usa muchas veces en la Biblia para hablar de Satanás y los ángeles caídos. A este personaje se le dará, bajo el permiso de Dios, una llave para abrir el pozo del abismo (*abyssos*), que es una cárcel para los demonios, posiblemente localizada en el centro de la tierra (Lc 8:31; Ro 10:7; Ap 9:11; 11:7; 17:8; 20:1). Recordemos que cuando el endemoniado gadareno llegó ante Jesús, los demonios que habitaban en ese hombre le rogaron que no los mandara al abismo (Lc 8:31). Y en Apocalipsis 20 vemos que el abismo es el lugar donde Satanás será atado durante mil años.

Por eso al abrir el pozo un gran humo como de un horno sube hasta el sol y sale una muchedumbre de demonios que habrán estado atados allí durante siglos, reservados para ese momento. Su apariencia era tan terrible que Juan los describe así:

> El aspecto de las langostas era semejante a caballos preparados para la guerra; en las cabezas tenían como coronas de oro; sus caras eran como caras humanas; tenían cabello como cabello de mujer; sus dientes eran como de leones; tenían corazas como corazas de hierro; el ruido de sus alas era como el estruendo de muchos carros de caballos corriendo a la batalla; tenían colas como de

escorpiones, y también aguijones; y en sus colas tenían poder para dañar a los hombres durante cinco meses (Ap 9:7-10).

El pasaje revela que estos seres no serán simplemente animales o insectos, pues no dañarán a la vegetación, sino a las personas. Además, tienen un rey sobre ellos cuyo nombre es Abadón en hebreo y Apolión en griego, dos términos que significan «Destructor», lo cual es una clara referencia a Satanás. Por lo tanto, resulta evidente que serán demonios que perturbarán a las personas durante cinco meses con un dolor terrible. Y su descripción física tan horrible probablemente tiene un significado simbólico para representar la gran furia y la crueldad con que atormentarán a los pecadores, de tal manera que el pasaje dice: «Y en aquellos días los hombres buscarán la muerte, pero no la hallarán; y ansiarán morir, pero la muerte huirá de ellos» (Ap 9:6). Este versículo nos revela el nivel de sufrimiento que tendrán las personas. Sin duda alguna, será un juicio terrible.

La sexta trompeta

«El sexto ángel tocó la trompeta, y oí una voz de entre los cuatro cuernos del altar de oro que estaba delante de Dios, diciendo al sexto ángel que tenía la trompeta: Desata a los cuatro ángeles que están atados junto al gran río Éufrates. Y fueron desatados los cuatro ángeles que estaban preparados para la hora, día, mes y año, a fin de matar a la tercera parte de los hombres. Y el número de los ejércitos de los jinetes era doscientos millones. Yo oí su número. Así vi en visión los caballos y a sus jinetes, los cuales tenían corazas de fuego, de zafiro y de azufre. Y las cabezas de los caballos eran como cabezas de leones; y de su boca salían fuego, humo y azufre. Por estas tres plagas fue muerta la tercera parte de los hombres; por el fuego, el humo y el azufre que salían de su boca. Pues el poder de los caballos estaba en su boca y en sus colas; porque sus colas, semejantes a serpientes, tenían cabezas, y con ellas dañaban» (Ap 9:13-19).

Esta sexta trompeta es muy similar a la pasada, porque se habla de cuatro ángeles que están atados junto al río Éufrates, el cual atraviesa Iraq, Siria y Turquía. Al parecer estos ángeles son demonios muy poderosos, quizás principados de países y regiones como el príncipe de Persia que peleó contra Miguel (Dn 10:13), los cuales están atados debido a su gran poder, pero se han reservado para ese preciso momento. Cuando el sexto ángel toque la trompeta, estos cuatro ángeles caídos serán desatados para engañar a las naciones y reunir a un gran ejército de doscientos millones de soldados, cuyos rasgos descriptivos parecen aludir a las armas y tanques de guerra que tenemos hoy en día, pero que eran irreconocibles para Juan en su tiempo. Algunos dicen que este ejército pudiera ser de demonios, y otros lo asocian con ejércitos como el de la China, por ejemplo.

Lo que sí está claro es que estos «soldados» matarán a la tercera parte de la humanidad con fuego, humo y azufre, por lo que solo quedará con vida para este momento la mitad de la población mundial, ya que en la visión del caballo amarillo (Ap 6:8) vimos que había muerto una cuarta parte de los hombres.

Con todo y esto, es terrible leer en esta profecía un dato alarmante en cuanto a la dureza del corazón de los pecadores:

> Y los otros hombres que no fueron muertos con estas plagas, ni aun así se arrepintieron de las obras de sus manos, ni dejaron de adorar a los demonios, y a las imágenes de oro, de plata, de bronce, de piedra y de madera, las cuales no pueden ver, ni oír, ni andar; y no se arrepintieron de sus homicidios, ni de sus hechicerías, ni de su fornicación, ni de sus hurtos (Ap 9:20-21).

Este pasaje comprueba que los impíos se endurecerán y no se arrepentirán de sus maldades, no solo por la dureza que el pecado crea, sino también por el juicio divino de la mente cauterizada. Por lo cual, creo personalmente que en la gran tribulación solo alcanzarán salvación los judíos que se conviertan para aquel entonces y aquellos creyentes gentiles que tenían conocimiento de la verdad, pero que se quedaron en el momento del rapto por no estar preparados espiritualmente.

La séptima trompeta

Ahora bien, la séptima trompeta representará la etapa final de la gran tribulación, por lo que en Apocalipsis 10 encontramos una visión sobre un ángel con un librito en su mano que le da a Juan para que profetice, el cual contiene la lista de los eventos que ocurrirán en la etapa final, como la restauración de Israel. Y este ángel proclama «que el tiempo no sería más, sino que en los días de la voz del séptimo ángel, cuando él comience a tocar la trompeta, el misterio de Dios se consumará, como él lo anunció a sus siervos los profetas» (Ap 10:6-7). Esta séptima trompeta representa la etapa final previa al regreso del Señor, y por eso cuando se toca Juan escucha grandes alabanzas en el cielo hacia Dios.

El séptimo ángel tocó la trompeta, y hubo grandes voces en el cielo, que decían: Los reinos del mundo han venido a ser de nuestro Señor y de su Cristo; y él reinará por los siglos de los siglos. Y los veinticuatro ancianos que estaban sentados delante de Dios en sus tronos, se postraron sobre sus rostros, y adoraron a Dios, diciendo: Te damos gracias, Señor Dios Todopoderoso, el que eres y que eras y que has de venir, porque has tomado tu gran poder, y has reinado. Y se airaron las naciones, y tu ira ha venido, y el tiempo de juzgar a los muertos, y de dar el galardón a tus siervos los profetas, a los santos, y a los que temen tu nombre, a los pequeños y a los grandes, y de destruir a los que destruyen la tierra. Y el templo de Dios fue abierto en el cielo, y el arca de su pacto se veía en el templo. Y hubo relámpagos, voces, truenos, un terremoto y grande granizo (Ap 11:15-19).

Las copas de ira

Sin embargo, antes de la segunda venida de Cristo y su reino en la tierra, esta séptima trompeta habla de una serie de plagas postreras que son representadas a través de siete copas de ira, las cuales serán derramadas sobre los moradores de la tierra para castigarlos. El apóstol Juan dice en cuanto a su visión: «Vi en el cielo otra señal, grande y admirable: siete ángeles que tenían las siete plagas postreras; porque en ellas se consumaba la ira de Dios» (Ap 15:1). Y más tarde añade: «Oí una gran voz que decía desde el templo a los siete ángeles: Id y derramad sobre la tierra las siete copas de la ira de Dios» (Ap 16:1). Miremos a continuación qué sucede cuando cada una de estas siete copas de ira de Dios es derramada sobre la tierra.

La primera copa de ira que será derramada traerá una plaga de úlceras malignas sobre todos aquellos hombres que se habrán puesto la marca de la bestia: «Fue el primero, y derramó su copa sobre la tierra, y vino una úlcera maligna y pestilente sobre los hombres que tenían la marca de la bestia, y que adoraban su imagen» (Ap 16:2). Esta plaga será similar a la que vieron los egipcios (Éx 9:10).

La segunda copa afectará el mar en todo el mundo, haciéndolo estéril e ineficaz: «El segundo ángel derramó su copa sobre el mar, y este se convirtió en sangre como de muerto; y murió todo ser vivo que había en el mar» (Ap 16:3). Luego del toque de la segunda trompeta (Ap 8:8) vimos que la montaña que cayó en el mar afectó la tercera parte de este, convirtiéndolo en sangre y matando a un tercio de los seres que vivían allí. Pero cuando la segunda copa sea derramada, todo el mar se convertirá en sangre y morirá todo ser vivo que habitaba en él.

La tercera copa será aún peor, porque caerá sobre el agua potable de todo el planeta: «El tercer ángel derramó su copa sobre los ríos, y sobre las fuentes de las aguas, y se convirtieron en sangre» (Ap 16:4). Al toque de la tercera trompeta (Ap 8:10), un tercio de las aguas dulces se volvieron venenosas. No obstante, con la plaga que sobrevendrá luego de esta tercera copa de ira, absolutamente todos los ríos, manantiales y presas que contienen agua potable se convertirán en sangre. Es evidente que esto significará que no quedarán muchos días para el regreso de Cristo, porque nadie puede sobrevivir sin agua. Quizás por eso Jesús dijo: «Y si aquellos días no fuesen acortados, nadie sería salvo» (Mt 24:22). La gente se aferrará a las pocas reservas de agua que tengan en sus casas, porque todos los manantiales y ríos se volverán imposibles de beber.

Ahora bien, quizás al leer estas líneas alguien pudiera pensar que Dios es cruel o injusto. Pero en realidad Él estará ejecutando su justo juicio sobre el mundo pecador. Por tanto, inmediatamente, Juan oye la voz de un ángel que decía:

Justo eres tú, oh Señor, el que eres y que eras, el Santo, porque has juzgado estas cosas. Por cuanto derramaron la sangre de los santos y de los profetas, también tú les has dado a beber sangre; pues lo merecen. También oí a otro, que desde el altar decía: Ciertamente, Señor Dios Todopoderoso, tus juicios son verdaderos y justos (Ap 16:5-7).

La razón por la que estas palabras están en el libro de Apocalipsis es para que a nadie le quepa duda de que Dios es justo y derramará con toda justicia cada juicio sobre los moradores de la tierra. Dios no tenía que salvar al hombre que se perdió y se alejó de Él; sin embargo, en su gran amor, decidió enviar a su hijo unigénito al mundo para morir por nuestros pecados. No obstante, si el hombre rechaza la salvación, no tiene otra sentencia sobre sí que la ira de Dios, porque Él es santo y justo, y tiene que juzgar la maldad.

La cuarta copa provocará cambios catastróficos en el sol, al igual que ocurrió luego del toque de la cuarta trompeta (Ap 8:12). Pero a diferencia de aquel primer escenario, el sol ya no disminuirá más su intensidad en esta cuarta copa, sino que se volverá tan fuerte e intenso que quemará a las personas, quizás debido a la destrucción de la capa de ozono: «El cuarto ángel derramó su copa sobre el sol, al cual fue dado quemar a los hombres con fuego. Y los hombres se quemaron con el gran calor, y blasfemaron el nombre de Dios, que tiene poder sobre estas plagas, y no se arrepintieron para darle gloria» (Ap 16:8-9). Aquí se hace énfasis nuevamente en la poca capacidad para arrepentirse de la humanidad. Las personas se mostrarán rebeldes contra Dios.

Cuando el quinto ángel derrame la copa de ira de Dios, esta caerá sobre el mismo trono de la bestia, el lugar donde reinará el anticristo, y todo su palacio se llenará de tinieblas a diferencia del resto del planeta: «El quinto ángel derramó su copa sobre el trono de la bestia; y su reino se cubrió de tinieblas, y mordían de dolor sus lenguas, y blasfemaron contra el Dios del cielo por sus dolores y por sus úlceras, y no se arrepintieron de sus obras» (Ap 16:10-11). No importa cuántas linternas o velas tengan, nada podrá ahuyentar la oscuridad. Y además, se añade que el anticristo y sus generales se morderán las lenguas de dolor, quizás a causa de las úlceras y plagas previas.

Cuando el sexto ángel derrama la copa, Juan observa lo siguiente: «El sexto ángel derramó su copa sobre el gran río Éufrates; y el agua de este se secó, para que estuviese preparado el camino a los reyes del oriente. Y vi salir de la boca del dragón, y de la boca de la bestia, y de la boca del falso profeta, tres espíritus inmundos a manera de ranas; pues son espíritus de demonios, que hacen señales, y van a los reyes de la tierra en todo el mundo, para reunirlos a la batalla de aquel gran día del Dios Todopoderoso. He aquí, yo vengo como ladrón. Bienaventurado el que vela, y guarda sus ropas, para que no ande desnudo, y vean su vergüenza. Y los reunió en el lugar que en hebreo se llama Armagedón» (Ap 16:12-16).

Resulta llamativo ver cómo Satanás es un imitador de Dios, porque al igual que existe una trinidad divina —Padre, Hijo y Espíritu Santo—, Satanás intentará realizar una trinidad con el anticristo, el falso profeta y él mismo. Cuando esta sexta copa sea derramada, el río Éufrates se secará, de lo cual ya estamos viendo anticipos, pues las noticias han anunciado que este río se está secando actualmente. Pero cuando llegue el momento de la sexta copa, el río se secará por completo a fin de permitirle el paso al ejército que Satanás, el anticristo y el falso profeta congregarán en el valle de Armagedón para pelear contra Cristo. Más adelante aprenderemos sobre esto en el capítulo acerca de la segunda venida de Cristo.

En cuanto a la séptima copa, la profecía dice lo siguiente: «El séptimo ángel derramó su copa por el aire; y salió una gran voz del templo del cielo, del trono, diciendo: Hecho está. Entonces hubo relámpagos y voces y truenos, y un gran temblor de tierra, un terremoto tan grande, cual no lo hubo jamás desde que los hombres han estado sobre la tierra. Y la gran ciudad fue dividida en tres partes, y las ciudades de las naciones cayeron; y la gran Babilonia vino en memoria delante de Dios, para darle el cáliz del vino del ardor de su ira. Y toda isla huyó, y los montes no fueron hallados. Y cayó del cielo sobre los hombres un enorme granizo como del peso de un talento; y los hombres blasfemaron contra Dios por la plaga del granizo; porque su plaga fue sobremanera grande» (Ap 16:17-21).

Como hemos podido estudiar, el tiempo de la gran tribulación va a ser muy difícil. Durante tres años y medio el mundo verá la ira de Dios caer sobre la tierra, pero aun así las personas no se arrepentirán de sus maldades, por lo cual quedarán condenadas eternamente. Esta séptima copa de ira causará diferentes señales en el cielo y la tierra con el fin de anunciar que la gran tribulación está a punto de terminar y dar lugar al regreso de Jesucristo a la tierra, un acontecimiento que será glorioso para Israel, pero terrible para los impíos. Por eso debemos orar por todos aquellos que hoy no conocen a Dios, a fin de que se arrepientan y sean salvos de la ira venidera.

Ahora bien, me llama la atención que en el pasaje anterior se menciona a una tal Babilonia que vino a la memoria de Dios para juzgarla. ¿Cuál ciudad es esa? ¿Y por qué se le da tanta importancia? Le invito a que estudiemos en el siguiente capítulo quién pudiera ser la gran ramera o Babilonia la grande.

CAPÍTULO 6

La gran ramera y el falso profeta

En el capítulo 17 del libro de Apocalipsis nos encontramos con una de las visiones que más controversias ha creado entre teólogos y escatólogos, y se trata de una mujer que Juan observa sentada sobre una bestia de diez cuernos a la que se le llama «la gran ramera» o «Babilonia la grande». El conflicto viene por la cuestión de qué o a quién pudiera estar representando dicha mujer, lo cual evidentemente es un tema complejo. No obstante, en este capítulo, luego de haber escuchado los valiosos argumentos de diversos teólogos de renombre, me propongo con la ayuda del Espíritu Santo explicar muy humildemente quién pudiera ser esta ramera a la que Dios juzgará en la gran tribulación. Vayamos directamente al pasaje que dice así:

Vino entonces uno de los siete ángeles que tenían las siete copas, y habló conmigo diciéndome: Ven acá, y te mostraré la sentencia contra la gran ramera, la que está sentada sobre muchas aguas; con la cual han fornicado los reyes de la tierra, y los moradores de la tierra se han embriagado con el vino de su fornicación. Y me llevó en el Espíritu al desierto; y vi a una mujer sentada sobre una bestia escarlata llena de nombres de blasfemia, que tenía siete cabezas y diez cuernos. Y la mujer estaba vestida de púrpura y escarlata, y adornada de oro, de piedras preciosas y de perlas, y tenía en la mano un cáliz de oro lleno de abominaciones y de la inmundicia de su fornicación; y en su frente un nombre escrito, un misterio: BABILONIA LA GRANDE, LA MADRE DE LAS RAMERAS Y DE LAS ABOMINACIONES DE LA TIERRA. Vi a la mujer ebria de la sangre de los santos, y de la sangre de los mártires de Jesús; y cuando la vi, quedé asombrado con gran asombro (Ap 17:1-6).

En primer lugar, resulta evidente que el punto principal de interés en este pasaje es la mujer que está sentada sobre la bestia, a la cual se le llama ramera y Babilonia. Y se la identifica como una mujer para darnos a entender cuál pudiera ser su identidad. En las profecías bíblicas, Dios siempre ha usado la figura de la mujer para referirse a una nación, una ciudad, o incluso a la misma iglesia. En el Antiguo Testamento, por ejemplo, Dios representó numerosas veces de manera profética a la nación de Israel como una mujer con la cual Él se había casado, pero que lo había abandonado (Oseas 1). En Ezequiel 16, compara a las ciudades de Jerusalén y Samaria, capitales de Judá e Israel, con dos mujeres hermanas que habían pecado. En 2 Corintios 11:2 vemos que se compara a la iglesia de Cristo con una mujer virgen que está dispuesta a casarse con su marido: Jesús. Y en Apocalipsis 12 también encontramos que se habla de Israel como una mujer que huye al desierto. Por lo tanto, esta mujer ramera de la cual se está hablando en la visión de Apocalipsis 17 pudiera tratarse de un país, una ciudad o una entidad religiosa. ¡O quizás, atención, de una entidad que sea todo eso al mismo tiempo!

En segundo lugar, vemos que a esta mujer se le llama ramera, lo cual hace alusión al pecado de la fornicación, que en términos espirituales y proféticos siempre se usó en la Biblia para referirse al pecado de la idolatría. En el libro de Jeremías, Dios dijo: «Como Israel no tuvo ningún reparo en prostituirse, contaminó la tierra y cometió adulterio al adorar ídolos de piedra y de madera» (Jer 3:9, NVI). También en Ezequiel, Dios le dijo a Jerusalén: «¡Qué mente tan depravada la tuya!, afirma el Señor y Dios. ¡Te comportabas como una vil prostituta!» (Ez 16:30, NVI). Por lo tanto, esta mujer es una institución que practica la idolatría, la veneración y la adoración a otros dioses, pero también a imágenes incluso de las cosas celestiales, lo cual está prohibido en la Biblia. Hay un tercer dato que la Biblia ofrece en cuanto a la identidad de esta «mujer», y es que tiene escrito un nombre en su frente: Babilonia la grande. En el tiempo antiguo, era costumbre en algunos lugares que las mujeres prostitutas que se paraban frente al camino tuviesen su nombre escrito visiblemente. Pero, ¿por qué se le llama Babilonia? Como usted quizás sabrá, Babilonia fue una ciudad pagana de los tiempos antiguos, la segunda ciudad más mencionada en la Biblia después de Jerusalén. Y todo indica que la razón por la cual se le adjudica este nombre «simbólico» a la gran ramera es porque la Babilonia de Apocalipsis sería una ciudad igual de idólatra que aquella de antaño. Por eso luego el pasaje dice: «Y la mujer que has visto es la gran ciudad que reina sobre los reyes de la tierra» (Ap 17:18), dándose también evidencia de que esta ciudad comerciaba y tenía poderes políticos sobre otras naciones. De manera que la gran ramera de la que se habla en esta visión representa a una organización religiosa muy idólatra, que además tiene una ciudad como sede y un gobierno con gran influencia sobre el mundo entero. Entonces, ¿cuál pudiera ser tal entidad?

Antes que todo, necesitamos descartar algunas ideas erróneas que ciertas personas han propuesto. En primer lugar, la gran ramera no es la antigua ciudad de Jerusalén, porque eso no concuerda con las profecías bíblicas. Tampoco es el Imperio romano de antaño, como quisieran alegar algunos que consideran que Apocalipsis es un libro que ya se cumplió en el pasado, aunque como veremos a continuación sí tiene relación con la ciudad de Roma. Note que a Juan le sorprendió grandemente la visión de esta organización, por lo que se le llamó un «misterio». Y la razón por la cual Juan se asombró no fue solo porque lo que vio no se parecía a nada que él hubiera visto antes, sino porque además observa a esta institución matando a los cristianos. Si la gran ramera fuera Jerusalén o Roma, no le hubiera causado gran asombro a Juan, porque para nadie era noticia que Jerusalén persiguió a la iglesia en sus inicios, y que Roma se había convertido para aquel entonces en el mayor enemigo y perseguidor de la iglesia. Por lo tanto, no creo que se tratara de Jerusalén ni Roma.

Tampoco creo que se trate de los Estados Unidos de América, ya que aunque evidentemente se están convirtiendo en un país que promueve leyes contra Dios, todos sabemos que desde sus inicios fueron fundados bajo principios bíblicos por peregrinos que venían huyendo de la persecución del catolicismo. Y todavía hasta el día de hoy existe un respeto hacia la iglesia. Así que no se trata de Estados Unidos.

En penúltimo lugar, algunos teólogos han argumentado que la gran ramera pudiera ser el islam como tal, pero tampoco creo que sea así, porque se dice que con ella «han fornicado los reyes de la tierra» (Ap 17:2). El islam no se caracteriza por ser ecuménico ni por asociarse con otras religiones, sino que es muy exclusivo. Además, es una religión monoteísta, por lo que no tiene numerosos dioses como la gran ramera.

Por último, tampoco creo que la Babilonia de Apocalipsis 17 se trate de una ciudad nueva que el anticristo levante en la gran tribulación como capital de su imperio según algunos han propuesto, porque la profecía afirma que el mismo anticristo junto con los diez cuernos, o sea, los diez reyes, se rebelará contra esta ciudad y la destruirá. Humildemente, opino que no tiene ninguna lógica que el anticristo levante una ciudad como capital de su imperio y luego la destruya.

Entonces, ¿quién será la gran ramera? La mayor parte de los teólogos de renombre está de acuerdo en que pudiera representar tres cosas. Primeramente, a nivel espiritual, se refiere a todas las religiones idólatras del mundo que veneran otras entidades aparte de Dios. En segundo lugar, representa a la religión ecuménica que el falso profeta creará en la gran tribulación, la cual ayudará al anticristo en su conquista, pues este creará una sola religión en el mundo. No obstante, en tercer lugar, todo parece indicar que la gran ramera pudiera simbolizar sobre todo a aquella religión idólatra que está situada sobre las siete colinas en Roma, cuyo nombre omito por temas de posible censura, aunque creo que usted sabe de qué institución hablo. Sin embargo, por si queda alguna duda, añado que me refiero a aquella «iglesia» caracterizada por adorar a María y los santos, y que tiene un sacerdote como líder. Ella se parece mucho a la gran ramera de Apocalipsis por las múltiples razones que expondré a continuación.

Babilonia la grande

Primeramente, a esta institución se le llama Babilonia la grande por su gran parecido con la antigua Babilonia en cuanto a su idolatría y paganismo, pero también por el trasfondo geográfico e histórico. Permítame explicarle.

El nombre «Babilonia» lo encontramos por primera vez en la Biblia en Génesis 10 y 11, donde se habla de Nimrod, un hombre malvado que se enfrentó a Dios rebeldemente, sublevándose contra Él. Este hombre convocó a sus conocidos para levantar una ciudad con una torre que fuera capaz de soportar los juicios de Dios similares al diluvio. Ellos dijeron: «Edifiquemos una ciudad y una torre, cuya cúspide llegue hasta el cielo; y hagámonos un nombre, por si fuéremos esparcidos sobre la faz de toda la tierra» (Gn 11:4). Nimrod construyó la ciudad de Babel, que en hebreo es Babilonia, e intentó levantar la torre hasta el cielo, pero Dios lo evitó confundiendo sus lenguas. Sin embargo, la ciudad permaneció, siendo la misma ciudad de Babilonia donde luego reinó Nabucodonosor.

Históricamente, aquella ciudad fue la cuna del paganismo y la rebeldía contra Dios a nivel político y religioso, pues allí comenzaron las prácticas idolátricas, los ritos diabólicos y la creación de deidades. Según la historia extrabíblica, basada en numerosas tablillas halladas por los arqueólogos, Nimrod, el creador de Babel, tuvo una esposa llamada Semíramis, que fue la sacerdotisa de aquella primera religión idólatra. Se dice que ella tuvo por acto milagroso un hijo, al cual llamaron Tamuz, y que fue alabado como un dios, aunque luego murió. Pero desde aquel entonces los paganos comenzaron a crear estatuas de Semíramis con el niño Tamuz en sus brazos para venerarlos.

Por esto, en un documental televisivo sobre la antigua religión babilónica, se demostró a través de hallazgos arqueológicos que los babilonios adoraban a un dios y a su madre diosa, algo muy parecido a lo que la iglesia de Roma hace, adorando imágenes de María y su hijo. Además, se dice que los sacerdotes paganos de la antigua babilonia llevaban en sus cabezas unas coronas con forma de cabeza de pez para rendir así culto a un ídolo pagano, y encima de la corona había una inscripción que decía: «Guardián del puente». De igual manera, los líderes de la iglesia romana usan en su cabeza una mitra con la misma forma y una inscripción similar.

Durante muchos siglos, Babilonia siguió siendo históricamente la cuna y el centro principal del ocultismo y el paganismo en todo el mundo. Sin embargo, cuando el Imperio babilónico cayó en manos de los medo-persas, poco a poco el centro de la idolatría pasó al Asia Menor, a la ciudad de Pérgamo, y luego se movió finalmente a la ciudad de Roma. De este modo, Roma se convirtió en la nueva Babilonia y el centro del paganismo y la idolatría para todo el mundo. Y ese era el contexto de la iglesia primitiva en el momento en que se estaba escribiendo Apocalipsis. Roma era el mayor enemigo de la fe, y el mayor símbolo del paganismo y la idolatría con sus distintos dioses, cultos paganos y las diferentes orgías que realizaban. Sin embargo, cuando el Imperio romano terminó, ¿sabe usted qué organización nació en esa misma cuna? ¡Correcto! La iglesia apóstata de la que estamos hablando, la cual se fundó sobre siete colinas, como la profecía lo indica (Ap 17:3).

Al leer la historia, sabemos que en el año 313 d. C. el emperador romano Constantino supuestamente se convirtió al cristianismo y promovió así la fe cristiana. Unos años después declaró al cristianismo como la religión oficial con la intensión de unificar su imperio. Pero cuando la iglesia se unió con el gobierno, se comenzó a deteriorar, porque se perdió la sencillez del evangelio y se politizó el cristianismo. Antes de aquel entonces, cada congregación cristiana tenía su propio pastor y era libre de hacer como el Espíritu Santo le ordenara. No obstante, con el comienzo de la iglesia imperial, los celos comenzaron a crecer y los obispos que estaban en Roma comenzaron a proponer que, así como el Imperio romano gobernaba desde Roma, también la iglesia que estaba en Roma debía ser la rectora y líder de las otras iglesias del mundo. Y todo eso llevó al establecimiento de un Pontífice que gobernara desde Roma sobre toda la iglesia. Además, también comenzaron a surgir nuevas doctrinas heréticas como el bautismo por aspersión en vez de inmersión, la veneración a María, la creación de imágenes, el agua bendita, etc. Y fue ahí donde comenzó en el siglo tercero «la iglesia romana», como la he llamado.

De modo que si la gran ramera es la iglesia de Roma, tendría mucho sentido, porque se le llama Babilonia por su paganismo, pero también por su trasfondo histórico.

Su vestimenta

Ahora bien, además de la similitud geográfica e histórica, hay otros aspectos en los cuales esa iglesia se parece mucho a la gran ramera. En la visión, Juan observa lo siguiente: «Y la mujer estaba vestida de púrpura y escarlata, y adornada de oro, de piedras preciosas y de perlas, y tenía en la mano un cáliz de oro» (Ap 17:4). Por un lado, las vestiduras de púrpura y escarlata eran muy caras y estaban asociadas con la realeza, así como también el oro, las piedras preciosas y las perlas con las que Juan observa vestida a la gran ramera. Este aspecto representa la ostentosidad de tal iglesia, la cual se jacta de sus riquezas y la belleza de su gran ciudad y sus templos. Como si fuera poco, estos mismos colores se pueden observar actualmente por toda su ciudad, pues con esos matices se viste su líder principal, los arzobispos y obispos. ¿Casualidad? ¡Evidentemente no!

Su idolatría

Sin embargo, el aspecto que más sobresale en la visión de esta mujer no es su vestimenta ni que está sobre siete montes, sino su gran idolatría y prostitución espiritual. Antiguamente en los ritos se usaba un cáliz de oro, que por cierto también lo usa esa iglesia hoy en día, y según el pasaje la mujer tiene un cáliz en la mano que estaba lleno de las abominaciones, un vino simbólico de sus fornicaciones, con el cual «los moradores de la tierra fueron embriagados» (Ap 17:2).

Las «abominaciones» de las que se habla evidentemente tienen que ver con los distintos pecados de idolatría. En Deuteronomio 29 vemos que Dios le llama abominación a la creación de ídolos (Dt 29:17). Y como usted bien sabe, esa iglesia es la institución religiosa más idólatra de toda la tierra, porque aunque supuestamente tuvo sus orígenes en el evangelio verdadero, tienen la Biblia como libro base y dicen adorar a Dios, en realidad se han hecho de numerosas prácticas idólatras como pedirles a los santos, la canonización de los muertos, la creación y adoración de imágenes, etc. De hecho, es curioso que en el catecismo de la iglesia de Roma no se encuentre el mandamiento bíblico que prohíbe hacer imágenes (Éx 20:3-6). ¿Sabe usted por qué? Primero, porque quieren ocultar la verdad para no ser expuestos. Pero también porque toda esa idolatría les genera una gran ganancia económica, ya que esa iglesia no solo vendió perdones a cambio de dinero y favores en el pasado, sino que además genera un gran ingreso monetario con la promoción de la idolatría. En fin, tan solo basta con leer algún libro de historia confiable para ver la gran cantidad de abominaciones idólatras que esa iglesia ha sostenido y propagado a través de la historia. Por lo que tendríamos que escribir un libro entero para cubrir aunque sea la mitad de estos pecados.

Su influencia política

Ahora bien, la gran ramera no solo ha sido pecadora por sus pecados propios, sino también por influenciar a las naciones con tales pecados. Y lo ha podido lograr debido a su gran influencia política y cultural sobre otros países. En el pasaje se dice que ella está sentada sobre muchas aguas» (Ap 17:1), y luego el ángel le explica a Juan el significado: «Las aguas que has visto donde la ramera se sienta, son pueblos, muchedumbres, naciones y lenguas» (Ap 17:15). Todo esto está hablando del gran poder político y religioso que esa iglesia tiene sobre los gobernantes de la tierra. En los días de hoy, no existe ninguna organización híbrida, es decir, religiosa y política al mismo tiempo, que sea tan influyente sobre el mundo entero. Fíjese que su máximo líder ha funcionado en numerosas ocasiones como embajador de la paz en todo el mundo. Cada vez que hay un conflicto en algún país, le ruegan a ese hombre que vaya para que ejerza su influencia sobre las naciones.

Su contaminación espiritual

Lamentablemente, la mayor influencia que la gran ramera ha ejercido sobre las naciones no es política, sino espiritual, pues ha contaminado a las naciones con sus prácticas idolátricas. Cuando se dice que esta ramera está sentada sobre muchas naciones y pueblos, no solo se hace referencia a alianzas políticas o establecimiento geográfico, sino también al pecado con el cual ha emborrachado a las naciones. Todo esto habla del nivel de contaminación con el que la gran ramera ha corrompido al mundo entero.

La religión idólatra ha contaminado a las naciones con su pecado, tanto así que muchos países tienen sus propios ídolos y vírgenes patronas, y tristemente les consagran a sus hijos, sus familias y su país, entregándoles así el poder a los demonios. Todo esto ha sido provocado por la idolatría que la gran ramera le ha enseñado al mundo. Ellos adoran a Dios, pero también a la virgen tal, o al santo tal. Y en muchos casos, vemos ciertos rasgos de brujería en sus ritos, porque la gran ramera se mezcló en diferentes países con la hechicería, la santería y otras religiones ocultistas. Por esto se le llama ramera, Babilonia y la madre de todas las abominaciones de la tierra.

Su persecución contra los cristianos

Hay un último dato sobre esta gran ramera que no podemos pasar por alto, y es su persecución en contra de los cristianos. En la visión, vemos que esta mujer estaba ebria de la sangre de los santos (Ap 17:6). También luego se añade: «Y en ella se halló la sangre de los profetas y de los santos, y de todos los que han sido muertos en la tierra» (Ap 18:24).

Estos pasajes indican que la gran ramera perseguiría y mataría a muchos cristianos a través de la historia. Y obviamente ha habido muchos enemigos de la fe, entre ellos el Imperio romano. Pero no podemos ignorar que la iglesia de Roma, usando su poder político y religioso, ha dado muerte a muchos cristianos. Cada vez que algún obispo conocedor de la Biblia refutaba alguna doctrina o dogma idolátrico, inmediatamente era acusado de herejía y muchas veces muerto. Ahí tenemos en la historia el ejemplo de los tribunales de la inquisición, donde se daba la orden de torturar y matar a los herejes si no se retractaban. Grupos cristianos como los valdenses fueron muy perseguidos y muertos por poner en duda las enseñanzas impuestas por la religión. También tenemos el caso de la matanza de San Bartolomé, el 23 de agosto de 1572, cuando los hijos de la gran ramera mataron a miles de cristianos protestantes conocidos como los hugonotes.

En especial tenemos las historias de diferentes hombres que, solo por el hecho de intentar traducir la Biblia a otros idiomas para que el pueblo la pudiera leer, fueron perseguidos y matados por la gran ramera. Hablo de personas como Juan Huss, un teólogo reformador checo, que tuvo la misma visión que tendría Martín Lutero de refutar las falsas doctrinas y la manipulación, reuniendo a un equipo de eruditos para crear en el año 1416 la primera Biblia traducida al idioma checo. Sin embargo, fue arrestado, juzgado y quemado en la hoguera el 6 de julio de 1415 por el gobierno eclesiástico. Se dice que murió cantando salmos mientras su piel se derretía. También tenemos el caso de William Tyndale, quien después de traducir la Biblia al idioma inglés fue traicionado y entregado para luego ser quemado en la hoguera en 1536. Y así, la larga lista continúa con los innumerables cristianos que fueron perseguidos por la gran ramera.

Hoy, gracias a los cuidados que existen en cuanto a la preservación de los derechos humanos en todo el mundo, no hay una persecución abierta a tal nivel, sino que se ha optado por una estrategia más «conservadora» y alineada con el fin de los tiempos, la del *ecumenismo*, con el que se intenta crear hermandad con las distintas religiones. No obstante, nadie debe olvidar que la historia de la gran ramera está manchada con la sangre de muchos cristianos que dieron su vida por Cristo. Por eso en el momento del juicio en la visión de Juan, Dios dice: «Alégrate sobre ella, cielo, y vosotros, santos, apóstoles y profetas; porque Dios os ha hecho justicia en ella» (Ap 18:20).

Así que podemos identificar a la gran ramera con esa iglesia idólatra radicada en Roma sobre las siete colinas, aunque tampoco se puede descartar la posibilidad de que esa institución sea solo un tipo de la gran ramera y que se trate de algo mayor que se levante en el fin de los tiempos. Sin embargo, parece menos probable.

La alianza religiosa

Ahora bien, veamos cuál será el papel de la gran ramera en el tiempo de la gran tribulación a fin de colaborar con el anticristo. Es llamativo que casi todo imperio o reino político a través de la historia necesitó de una idea, religión o iglesia para influenciar a las personas y confirmar su dominio. Eso fue lo que hizo Constantino al establecer el cristianismo como la religión del estado, sencillamente se afilió a la religión más popular del momento. Cuando el anticristo surja, él necesitará también de la ayuda del poder religioso más grande del mundo, que será la gran ramera. Por tal motivo, Juan observa a la mujer montada sobre la bestia de diez cuernos, la cual es el anticristo. Este malvado ser, a pesar de que será un hombre ateo y déspota, aparentará mucha amabilidad con las religiones y utilizará la influencia de esa iglesia para crear una sola religión en el mundo.

Por eso, si observamos el *modus operandi* de la iglesia romana durante estos últimos años, vemos un intento de unir a las religiones bajo un plan ecuménico. De hecho, uno de sus líderes más renombrados de la historia, de apodo Segundo (II), logró hazañas impresionantes al convertirse en el primer líder de esa religión en entrar a una sinagoga judía (1986), y también en el primero en entrar a una mezquita musulmana (2001). Ese mismo hombre logró, en octubre de 1986, reunir en Italia a líderes religiosos representantes de las doce principales religiones del planeta: protestantes, judíos, musulmanes, budistas, sintoístas, brujos del África y demás. Y aunque luego de su muerte se han realizado distintos intentos de proseguir con este plan, nada similar se había podido conseguir hasta la llegada de este actual y último pontífice, el cual ha logrado cosas aún mayores, inaugurando la Casa Abrahámica en los Emiratos Árabes Unidos, un complejo enorme de tres edificios: una sinagoga judía, una mezquita musulmana y una iglesia cristiana (católica).

Este tipo de acuerdos ecuménicos nunca se habían logrado en la historia. Y todo viene como resultado de la agenda del «Acuerdo de Abraham», que se ha estado gestando durante los últimos años por parte de ciertas personas para lograr la unidad entre el cristianismo, el judaísmo y el islam. ¿Y sabe quién ha sido el promotor religioso de tal «unidad»? El líder de la iglesia romana. Por eso el anticristo usará a la gran ramera para agrupar a todas las religiones en una sola con la excusa de tener mayor unidad.

La destrucción de la gran ramera

Sin embargo, cuando llegue la mitad de los siete años y el anticristo se sienta fuerte, Dios pondrá en el corazón de este y los diez reyes destruir a la ramera, y la quemará para proclamarse él como el único dios. Daniel dice que el anticristo «se exaltará a sí mismo, se creerá superior a todos los dioses, y dirá cosas contra el Dios de dioses que nadie antes se atrevió a decir» (Dn 11:36, NVI). En la visión de Juan, el ángel le dice:

> Y los diez cuernos que viste en la bestia, estos aborrecerán a la ramera, y la dejarán desolada y desnuda; y devorarán sus carnes, y la quemarán con fuego; porque Dios ha puesto en sus corazones el ejecutar lo que él quiso: ponerse de acuerdo, y dar su reino a la bestia, hasta que se cumplan las palabras de Dios (Ap 17:16-17).

Más adelante, en Apocalipsis 18, se narra el juicio completo sobre Babilonia, y una porción de este declara:

Cuanto ella se ha glorificado y ha vivido en deleites, tanto dadle de tormento y llanto; porque dice en su corazón: Yo estoy sentada como reina, y no soy viuda, y no veré llanto; por lo cual en un solo día vendrán sus plagas; muerte, llanto y hambre, y será quemada con fuego; porque poderoso es Dios el Señor, que la juzga. Y los reyes de la tierra que han fornicado con ella, y con ella han vivido en deleites, llorarán y harán lamentación sobre ella, cuando vean el humo de su incendio, parándose lejos por el temor de su tormento, diciendo: ¡Ay, ay, de la gran ciudad de Babilonia, la ciudad fuerte; porque en una hora vino tu juicio!» (Ap 18:7-10).

Aunque Dios ha sido paciente con la gran ramera a pesar de todos los pecados, fornicaciones e idolatrías con los que ha contaminado a las naciones a través de los siglos, cuando llegue la gran tribulación, Él no apaciguará más su ira, sino que la destruirá por completo, tanto espiritual como políticamente.

¡Salid de ella pueblo mío!

A pesar de toda la maldad que la profecía resalta sobre la gran ramera y todo el juicio que se profetiza que vendrá sobre ella, hay unas palabras que me estremecen. «Y oí otra voz del cielo, que decía: Salid de ella, pueblo mío, para que no seáis partícipes de sus pecados, ni recibáis parte de sus plagas; porque sus pecados han llegado hasta el cielo, y Dios se ha acordado de sus maldades» (Ap 18:4-5).

La razón por la cual este pasaje me conmociona es porque deja ver que aun dentro de la gran ramera hay cristianos, personas que son el pueblo de Dios, y que aunque están dentro de ella, saben la verdad, no se han dejado confundir por las prácticas idólatras y adoran solo a Dios a través del nombre de Jesucristo. Existe la posibilidad de que eso suceda, solo que por temor o tradición ellos no han salido de allí.

Constantemente recibo mensajes en las redes sociales de personas que están por obligación dentro de esas iglesias, ya sea porque son menores de edad o su cónyuge asiste allí.

De hecho, hace poco estuve de campaña predicando en Georgia, Estados Unidos, en la iglesia de un querido pastor llamado Ángel, quien junto con su esposa pertenecía antes a esa iglesia romana en la isla de Puerto Rico. No obstante, cuando un avivamiento de Dios vino sobre la isla, aun dentro de las iglesias apóstatas, el Señor comenzó a despertar a muchos a fin de que sintieran hambre por leer su Palabra y orar, por lo que muchos recibieron a Cristo, fueron llenos del Espíritu Santo y testificaban del poder de Dios. Evidentemente, muchos de ellos, incluyendo a este matrimonio que serviría a Dios en el futuro como pastores, salieron de aquella iglesia apóstata para congregarse en un lugar que predicara la verdad. Y creo que así como ellos, hay miles de personas de buen corazón que aman a Dios y saben la diferencia entre la verdad y la mentira, pero que todavía permanecen hasta el día de hoy en medio de una iglesia idólatra. Y a estas personas, Dios les dice: «Salid de ella, pueblo mío». Si Lot se hubiera quedado dentro de Sodoma con los pecadores, evidentemente hubiera recibido el castigo junto con ellos. Pero el aviso divino llegó a tiempo para sacarlo de aquel lugar. De igual manera, Dios le está diciendo a cualquier persona que esté dentro de una religión falsa que salga de aquel lugar para que no sea partícipe de sus pecados y reciba igualmente el castigo. La Palabra de Dios dice: «No os unáis en yugo desigual con los incrédulos; porque ¿qué compañerismo tiene la justicia con la injusticia? ¿Y qué comunión la luz con las tinieblas? ¿Y qué concordia Cristo con Belial? ¿O qué parte el creyente con el incrédulo?» (2 Co 6:14-15).

El falso profeta

Ahora bien, en Apocalipsis hay una visión sobre una segunda bestia que se levantará aparte del anticristo, un personaje llamado «el falso profeta», que aunque debí haberlo mencionado quizás en alguno de los capítulos anteriores, lo dejé para este porque creo que tendrá mucho que ver con la gran ramera, pues pudiera tratarse del líder de la última religión ecuménica del mundo. La profecía sobre este personaje la encontramos en Apocalipsis 13, donde dice:

> Después vi otra bestia que subía de la tierra;
> y tenía dos cuernos semejantes a los de un

cordero, pero hablaba como dragón. Y ejerce toda la autoridad de la primera bestia en presencia de ella, y hace que la tierra y los moradores de ella adoren a la primera bestia, cuya herida mortal fue sanada. También hace grandes señales, de tal manera que aun hace descender fuego del cielo a la tierra delante de los hombres. Y engaña a los moradores de la tierra con las señales que se le ha permitido hacer en presencia de la bestia, mandando a los moradores de la tierra que le hagan imagen a la bestia que tiene la herida de espada, y vivió. Y se le permitió infundir aliento a la imagen de la bestia, para que la imagen hablase e hiciese matar a todo el que no la adorase. Y hacía que a todos, pequeños y grandes, ricos y pobres, libres y esclavos, se les pusiese una marca en la mano derecha, o en la frente; y que ninguno pudiese comprar ni vender, sino el que tuviese la marca o el nombre de la bestia, o el número de su nombre (Ap 13:11-17).

Como ya aprendimos en otro capítulo, Apocalipsis habla de una primera bestia, la cual es tipo del anticristo y su reino. Pero en el pasaje que acabamos de leer vemos que se nos habla de una segunda bestia, que representa al falso profeta, un segundo hombre que servirá al anticristo y guiará al mundo religioso hacia él. Consideremos algunos detalles que el pasaje menciona sobre este hombre.

En primer lugar, la profecía afirma que esta segunda bestia surgirá de la tierra, y esto tiene un gran significado. Ya vimos que la primera bestia surge del mar, lo cual es tipo de las naciones en convulsión, o sea, el sistema político y mundano del que se levantará el anticristo al ser un personaje político. Sin embargo, esta segunda bestia no surge del sistema político de las naciones, sino de la tierra, lo cual creo que está hablando en términos espirituales sobre el mensaje humanista y terrenal que tendrá este hombre. La Biblia dice: «Cual el terrenal, tales también los terrenales» (1 Co 15:48), y a pesar de que como veremos a continuación este hombre es un religioso, parece que su vida y mensaje serán meramente terrenales.

En segundo lugar, Juan observa que esta bestia tenía dos cuernos. Los cuernos en la Biblia son tipo de autoridad y reino, no necesariamente solo de un reino político, sino también de autoridad religiosa. Por lo que esta segunda bestia será alguien con mucha autoridad e influencia sobre el mundo entero, ya que como veremos más adelante podrá ejercer dominio sobre toda la tierra para expandir la marca de la bestia.

En tercer lugar, se dice que este personaje tenía apariencia de Cordero, pero hablaba como un dragón. Este dato confirma la hipocresía con la cual actuará, pues se hará pasar por un hombre de Dios, piadoso, santo y de conducta religiosa. Sin embargo, cuando abra su boca, sus palabras no estarán acordes con la Biblia ni el evangelio, sino que serán palabras de dragón, del mismo Satanás.

Por lo tanto, a este personaje se le identifica directamente con el título de *falso profeta*: «Y vi salir de la boca del dragón, y de la boca de la bestia, y de la boca del falso profeta, tres espíritus inmundos a manera de ranas» (Ap 16:13). Note que «falso profeta» no es necesariamente un título que se le da a un ateo o un enemigo abierto del evangelio, sino a alguien que se hace llamar siervo de Dios, aunque su corazón es profano. De manera que el hecho de que se le llame falso profeta indica que se tratará de un hombre religioso, con autoridad y liderazgo dentro de la religión, el cual engañará a las personas. La gente lo llamará santo siervo de Dios, pero en su corazón será un farsante que hablará palabras no acordes a Dios, sino según el diablo le mande.

Además se nos dice que este personaje recibirá toda la autoridad y el poder del anticristo: «Y ejerce toda la autoridad de la primera bestia» (Ap 13:12). Así como el dragón (Satanás) le dará al anticristo todo su poder, su trono y su autoridad (Ap 13:2), del mismo modo el anticristo le dará su autoridad al falso profeta para actuar en su nombre y con su poder. Ese poder será algo satánico que le permitirá a la segunda bestia realizar milagros tremendos con el fin de engañar a las personas: «También hace grandes señales, de tal manera que aun hace descender fuego del cielo a la tierra delante de los hombres. Y engaña a los moradores de la tierra con las señales que se le ha permitido hacer en presencia de la bestia» (Ap 13:13-14). El hecho de que la Biblia describa como «grandes señales» aquellas hazañas milagrosas que el falso profeta hará nos habla del nivel de poder satánico que este hombre tendrá. Por lo tanto, el falso profeta podrá hacer milagros y señales, pero todo será con la intención de engañar a las personas y condenarlas eternamente.

Su propósito

¿De qué manera engañará este hombre a las personas y con qué propósito? El pasaje nos revela tres cosas que el falso profeta hará. Primeramente, pedirá culto y adoración para el anticristo, haciendo «que la tierra y los moradores de ella adoren a la primera bestia, cuya herida mortal fue sanada» (Ap 13:12). Este hombre dirigirá la atención de las personas hacia el anticristo. Los verdaderos siervos de Dios dirigen a la congregación a exaltar a Cristo. Pero al igual que ciertos líderes religiosos del mundo que son falsos profetas dirigen la adoración de las personas hacia María o algún otro ídolo, así también la segunda bestia pedirá que el anticristo sea alabado como dios.

En segundo lugar, no solo pedirá que adoren al anticristo, sino que además pedirá que se le haga una imagen a este para que sea reverenciada: «Ordenó que hicieran una imagen en honor de la bestia que, después de ser herida a espada, revivió» (Ap 13:14, NVI). Yo pregunto, ¿cuál religión o líder político en el mundo actualmente tiene el hábito de canonizar muertos y de pedir que se creen imágenes de ellos para que se les venere? Creo que ya usted se imagina cuál pudiera ser la identidad de ese personaje.

No obstante, en el pasaje se ofrece además un detalle escalofriante: «Se le permitió infundir vida a la imagen de la primera bestia, para que hablara y mandara matar a quienes no adoraran la imagen» (Ap 13:15, NVI). Aquí se revela que el falso profeta le dará vida (aliento) a la imagen del anticristo para que hable, detecte quiénes no están marcados con el 666, y ordene además que se arreste a tales personas para matarlas. Esto me lleva a pensar, ¿será que pudiéramos estar viendo aquí la finalización de la inteligencia artificial? Para nadie es noticia que la ciencia está avanzando muchísimo en pro de crear robots con inteligencia artificial que puedan actuar casi como los humanos. Por lo que muchos estudiosos de la actualidad se han preguntado si esto tendrá algo que ver con el fin de los tiempos. Y efectivamente, no podemos negar la posibilidad de que la imagen de la bestia que habla, inspecciona y toma decisiones pudiera ser una estatua o robot con la apariencia del anticristo, pero con inteligencia artificial. Tampoco podemos negar que se trate de algo meramente satánico y no científico. Sin embargo, como quiera que fuere, este dato no deja de ser escalofriante.

Por último, la Biblia revela que el falso profeta actuará como un fuerte representante y motivador de la marca de la bestia, el 666. La profecía dice: «Y hacía que a todos, pequeños y grandes, ricos y pobres, libres y esclavos, se les pusiese una marca en la mano derecha, o en la frente; y que ninguno pudiese comprar ni vender, sino el que tuviese la marca o el nombre de la bestia, o el número de su nombre» (Ap 13:16-17). Este hombre impulsará la agenda del 666, usando su cargo religioso y su influencia con el fin de convencer a las personas de que aceptar la marca de la bestia es la mejor decisión para ellas.

¿Quién será el falso profeta?

Veamos entonces, ¿quién pudiera ser este hombre con semejantes características? A diferencia del anticristo, que surge como un cuerno pequeño de la nada, este falso profeta tendrá que tener un bagaje histórico que lo avale como un hombre de Dios respetado y admirado por el mundo religioso. Y mi opinión personal es que no podemos descartar que se trate del líder en turno de «la iglesia de Roma» de la que hablamos previamente, aquel sacerdote que la dirige, pues tiene gran influencia sobre todas las naciones, gobiernos y religiones. Además, es él quien está promoviendo muy fuertemente la agenda ecuménica que tiene gran parecido a lo que la profecía anuncia.

Ese hombre también tiene reputación de haber realizado supuestos milagros, y hasta avala las presuntas señales que la gente le atribuye a María y otras vírgenes. Por otra parte, es conocido por venerar o adorar imágenes y promover la adoración de estas, ya sea directa o indirectamente, pues confesó siempre llevar en su bolsillo un rosario para poder orar. Pero además, cumple muy bien con el terrible dato que la Biblia aporta sobre su condición espiritual, porque esta dice que surgirá de la tierra, hablando de su mensaje humanista. No obstante, también afirma que aunque tendrá apariencia de piedad y de cordero, hablará como dragón.

A través de los años he podido presenciar por televisión diversos discursos ofrecidos por esos líderes religiosos, y siempre observé que su mensaje era muy bonito y agradable, pero totalmente humanista, basado en las buenas obras y la conducta moral. Sin embargo, estaban alejados totalmente de Cristo, porque nunca se mencionó nada del evangelio, la cruz de Cristo, el peligro del pecado, la condenación eterna del infierno o la salvación a través de la fe. ¡Nada! Siempre se trata de un mensaje humanista y vacío, completamente terrenal, que no exalta a Cristo de ninguna manera, sino que más bien glorifica a María al final de una forma u otra. Además, a pesar del buen porte y la apariencia de piedad que siempre muestran estos religiosos, en numerosas ocasiones se les ha visto confesar en público ciertas palabras que son contrarias al evangelio de Cristo, ya que por ejemplo el líder en turno se refirió hace poco a la muerte de Jesús como un fracaso, argumentó que las personas desviadas sexualmente habían sido creadas así por Dios, y otras barbaridades semejantes. De modo que, aunque su apariencia muestre piedad, sus palabras y hechos demuestran no tener su procedencia en Dios, sino en el dragón, el diablo.

De hecho, ¿recuerda que en el capítulo donde hablamos sobre el anticristo mencionamos una «profecía» que los musulmanes tienen sobre un Mahdi que surgirá y analizamos qué tanto se parece a lo que la Biblia dice del anticristo? Pues bien, como ya expliqué, ellos también creen que Jesús va a regresar para enseñarles a los cristianos que el verdadero mesías es el Mahdi, por lo que este ser (Jesús) ayudará al Mahdi (el anticristo) a conquistar Jerusalén y destruir a los judíos. Como ya sabemos por la Biblia, Jesús no va a regresar para apoyar al anticristo, sino que cuando regrese en su segunda venida destruirá al anticristo y lo echará en el lago de fuego. Sin embargo, ¿qué tal si «el Jesús cristiano» que ellos dicen que vendrá fuera un hombre como ese líder de la gran ramera que se hace llamar «vicario de Cristo», alegando ser el representante de Jesucristo en la tierra? Si esta teoría fuera correcta, entonces tendría mucho sentido.

Lo que sí está claro es que el falso profeta engañará a todo el mundo religioso, uniendo a todas las religiones en una sola, y luego pedirá que se le rinda culto al anticristo, defendiendo su petición con señales y milagros. No obstante, cuando el anticristo se sienta fuerte y no se vea más necesitado del apoyo de la iglesia o la religión, se confabulará con el falso profeta para que traicione a la gran ramera y ejecuten sin saberlo la sentencia de Dios sobre ella.

Estimado lector, como hemos podido estudiar, tanto el anticristo como el falso profeta actuarán bajo mucho poder engañoso para seducir a las personas. Y Dios permitirá que suceda así para que aquellos que rechazaron la gracia de Dios sean condenados. Pero qué bueno es que los que hemos conocido a Jesús conocemos la voz del buen pastor, por lo que identificamos también la voz de aquellos falsos profetas que intentan engañarnos. Jesús dijo:

> De cierto, de cierto os digo: El que no entra por la puerta en el redil de las ovejas, sino que sube por otra parte, ese es ladrón y salteador. Mas el que entra por la puerta, el pastor de las ovejas es. A este abre el portero, y las ovejas oyen su voz; y a sus ovejas llama por nombre, y las saca. Y cuando ha sacado fuera todas las propias, va delante de ellas; y las ovejas le siguen, porque conocen su voz. Mas al extraño no seguirán, sino huirán de él, porque no conocen la voz de los extraños (Juan 10:1-5).

La iglesia del siglo veintiuno debe cuidarse de aquellos falsos maestros y profetas que quieren engañar al pueblo de Dios con mensajes humanistas y doctrinas de demonios.

Cualquier predicador cuyo mensaje no fluya a través de la puerta, que es Cristo, debe ser llamado falso. Por lo tanto, debemos escuchar la voz del buen pastor a través de su Palabra cada mañana, a fin de saber cómo Él habla y no ser engañados por el enemigo.

CAPÍTULO 7

La restauración
de Israel

Uno de los aspectos más importantes de este libro y que no podemos pasar por alto es el papel fundamental de la nación de Israel en las profecías del fin, ya que de la buena comprensión de este asunto dependerá en gran medida que entendamos o no todos los temas que hemos venido tratando y los que veremos más adelante. Así que, aunque creo que ya he ido dando pistas sobre esto en las páginas anteriores, en este capítulo estudiaremos a profundidad todas las profecías relacionadas con Israel para el tiempo del fin. Y para ello, vamos a estudiar la visión de «las setenta semanas» narrada en el capítulo 9 del libro del profeta Daniel.

Al revisar el contexto de ese pasaje, podemos ver que en aquel momento Daniel se encontraba cautivo en Babilonia junto con millones de hermanos judíos que habían sido llevados ahí por Nabucodonosor, quien destruyera Jerusalén a manera de juicio de Dios por la desobediencia del pueblo. Sin embargo, maravillosamente, ya Dios había anunciado a través de profetas como Jeremías que el tiempo de cautiverio duraría solo setenta años (Jer 29:10-11). Por lo cual, cuando Daniel nota que ya estaba cerca de cumplirse ese tiempo, se dispone a buscar a Dios en oración e interceder por la restauración de su pueblo, confesando primeramente todo el pecado de su nación, pero de repente sucede lo siguiente:

> Aún estaba hablando y orando, y confesando mi pecado y el pecado de mi pueblo Israel, y derramaba mi ruego delante de Jehová mi Dios por el monte santo de mi Dios; aún estaba hablando en oración, cuando el varón Gabriel, a quien había visto en la visión al principio, volando con presteza, vino a mí como a la hora del sacrificio de la tarde. Y me hizo entender, y habló conmigo, diciendo: Daniel, ahora he salido para darte sabiduría y entendimiento. Al principio de tus ruegos fue dada la orden, y yo he venido para enseñártela,

porque tú eres muy amado. Entiende, pues, la
orden, y entiende la visión (Dn 9:20-23).

Preste atención a las palabras que el ángel Gabriel
está a punto de decirle a Daniel, porque aunque él estaba clamando únicamente por la restauración de Jerusalén, el ángel
le revela todo el plan eterno de Dios para esta nación:

Setenta semanas están determinadas sobre
tu pueblo y sobre tu santa ciudad, para terminar la prevaricación, y poner fin al pecado, y
expiar la iniquidad, para traer la justicia perdurable, y sellar la visión y la profecía, y ungir
al Santo de los santos. Sabe, pues, y entiende,
que desde la salida de la orden para restaurar
y edificar a Jerusalén hasta el Mesías Príncipe,
habrá siete semanas, y sesenta y dos semanas;
se volverá a edificar la plaza y el muro en tiempos angustiosos. Y después de las sesenta y
dos semanas se quitará la vida al Mesías, mas
no por sí; y el pueblo de un príncipe que ha de
venir destruirá la ciudad y el santuario; y su fin
será con inundación, y hasta el fin de la guerra
durarán las devastaciones. Y por otra semana
confirmará el pacto con muchos; a la mitad de
la semana hará cesar el sacrificio y la ofrenda.
Después con la muchedumbre de las abominaciones vendrá el desolador, hasta que venga
la consumación, y lo que está determinado se
derrame sobre el desolador (Dn 9:24-27).

Esta profecía merece que la estudiemos a profundidad, porque insisto en que de la buena comprensión de ella dependerá la correcta interpretación de muchas de las profecías de Apocalipsis. Primeramente, el ángel le dice a Daniel que el plan de Dios para su pueblo (Israel) estaba trazado en un plazo de setenta semanas, siendo evidente que se refiere a semanas de años, porque en 490 días no se podría ejecutar todo el plan divino que el contexto profético revela. En realidad, las setenta semanas de años comprenden un período de 490 años en total, desde que la orden de restaurar Jerusalén fuera dada hasta la segunda venida visible de Cristo y el milenio.

Ahora bien, es llamativo que el ángel divide estas setenta semanas de años en partes, algo que es muy importante comprender, ya que habla de 7 semanas y de 62 semanas, lo cual da un total de 69 semanas que habría desde la orden de restauración hasta la llegada del Mesías.

Al estudiar la historia bíblica sabemos que desde el año 444 a. C., cuando Artajerjes firmó el edicto que autorizaba que la ciudad de Jerusalén fuera reconstruida (Neh 2:1-8), hasta que se lograra la reedificación total, transcurrieron según los historiadores 49 años, lo cual comprende el primer período de 7 semanas sobre las que el ángel le profetizó a Daniel. Luego, desde que fue terminada Jerusalén hasta la entrada triunfal de Jesús en Jerusalén transcurrieron 434 años según el calendario hebreo, lo que comprende la segunda etapa de 62 semanas. Resumiendo, desde la orden de reconstruir Jerusalén hasta la finalización de la misma hubo 7 semanas o 49 años; y desde aquel momento hasta la aparición de Cristo Jesús como Mesías y su muerte hubo 62 semanas más, o sea, 434 años, para un total de 69 semanas.

Sin embargo, es evidente que falta una última semana para completar las 70 semanas de las cuales el ángel profetizó. Soy consciente de que hay hermanos que tratan de mirar hacia la historia para aplicar esta última semana de alguna manera a los eventos que sucedieron después de la muerte de Jesús. Pero le confieso que al escuchar sus argumentos siempre quedo insatisfecho, porque no veo explicación o dato histórico alguno que compruebe con evidencias irrefutables que esta última semana de años se cumplió en algún momento en Israel. Por lo tanto, la única explicación que muchos vemos posible es que esos siete años estén reservados para el tiempo escatológico del fin. ¿Por qué decimos esto?

Bueno, en primer lugar, note que el ángel le dice a Daniel que al final de esas 70 semanas habría un reino de justicia para Israel, sin pecado ni transgresión, donde el Mesías sería ungido como Rey (Dn 9:24). Por lo que se establece que cuando se cumplieran las 70 semanas, como resultado habrían acontecido estas cosas tan hermosas que vemos en el pasaje. Y aunque obviamente Jesús terminó con el pecado para siempre en la cruz del Calvario a favor de aquellos que lo aceptan como Salvador, hay un detalle en el pasaje que no podemos pasar por alto, y es que la profecía está hablando en el contexto de Israel y la bendición para esa nación (Dn 9:24). Jesús sí pagó en la cruz todo el precio necesario a través de su sangre para terminar con el pecado, la iniquidad y la maldad, pero todavía no se ha establecido el efecto de esa expiación sobre Israel como nación, hasta el final de los tiempos, porque la salvación y la redención solo tienen lugar cuando se cree en Jesucristo. Han transcurrido cerca de dos mil años desde que se terminó la semana 69 con la llegada y muerte del Mesías hasta el día de hoy, y todavía Israel como nación sigue en pecado y alejado de Dios, sin reconocer a Jesucristo como Mesías ni ungirlo como Rey. Jesús dijo: «He aquí, vuestra casa os es dejada desierta; y os digo que no me veréis, *hasta que llegue el tiempo en que digáis: Bendito el que viene en nombre del* Señor» (Lc 13:35, énfasis añadido).

Además, es importante saber que todas estas bendiciones que la profecía anuncia para el final de esas 70 semanas se refieren a cosas que pertenecen exclusivamente al reino milenial de Cristo, porque ¿cuándo habrá en la tierra un reino de justicia perdurable, donde no haya pecado ni iniquidad, las profecías se sellen en cuanto a cumplimiento final y se unja al Santo como Rey? Evidentemente, no estamos viendo todo eso todavía establecido en la tierra, pues son cosas que pertenecen a las profecías del reino milenial de Cristo.

Y un último detalle que se debe considerar es que la profecía menciona en esa última semana algo sobre «el desolador» (Dn 9:27), el cual según Mateo 24 y el libro de Apocalipsis no es otro que el anticristo mismo.

La pausa profética

Entonces, ¿qué pasó con esa última semana? ¿Por qué no se cumplió inmediatamente después de la muerte de Cristo? La respuesta es que, al analizar los escritos neotestamentarios, podemos reconocer que después de la muerte del Señor se abrió una pausa profética, un lapso de tiempo indefinido, a fin de dar lugar a la gracia de Dios para los gentiles. No obstante, cuando se consume ese tiempo, entonces el Señor reanudará el plan con Israel, dando inicio a esa última semana de años que falta. Permítame brindarle algunos pasajes que demuestran de alguna manera esta pausa profética de la cual les estoy hablando.

En primer lugar, el Evangelio de Juan, sin duda alguna el más teológico de los cuatro evangelios, comienza su primer capítulo hablando sobre el Verbo que se hizo carne y vino al mundo: «A lo suyo vino, y los suyos no le recibieron. Mas a todos los que le recibieron, a los que creen en su nombre, les dio potestad de ser hechos hijos de Dios; los cuales no son engendrados de sangre, ni de voluntad de carne, ni de voluntad de varón, sino de Dios» (Jn 1:11-13). En este pasaje «lo suyo» se refiere a la nación de Israel, ya que fue a ellos que se les dio la promesa.

A través de todo el Antiguo Testamento vemos que la promesa de un Salvador no fue dada a ninguna otra nación o cultura, sino solo a Israel. Por esto, cuando una mujer cananea de sangre y nación gentil vino ante Jesús rogándole que salvase a su hija que estaba endemoniada, Él le respondió diciendo: «No soy enviado sino a las ovejas perdidas de la casa de Israel» (Mt 15:24). Luego añadió: «No está bien tomar el pan de los hijos, y echarlo a los perrillos» (Mt 15:26). Y aunque sabemos que después el Señor tuvo misericordia de ella, Él estaba estableciendo con sus palabras esta gran verdad, que había venido primero a Israel. Dios no podía quebrantar la promesa que le había hecho a Israel .

¡No obstante, qué grande es saber que en la gran sabiduría de Dios, Él ya había diseñado un plan hermoso para salvar también a los gentiles de todas las naciones y culturas! Porque aun desde antaño vemos en las Escrituras diversas señales de que un día la salvación se abriría para toda la humanidad. Por ejemplo, Dios le dijo a Abraham: «En tu simiente serán benditas *todas las naciones de la tierra*» (Gn 22:18, énfasis añadido). Evidentemente, la simiente de la cual se habla es Cristo. Y también vemos que en la genealogía de Jesús hubo mujeres gentiles como Rahab y Rut, que fueron la tatarabuela y la bisabuela del rey David, de quien vino Cristo según la carne. Sin embargo, a fin de poder salvar a los gentiles, Dios tuvo que permitir que los judíos lo rechazaran y fueran endurecidos para entonces abrir la puerta de salvación a todas las naciones. Y fue así como Dios, con el rechazo de Israel al Mesías, abrió la oportunidad de salvación para todo aquel que cree, independientemente de su nación o cultura, y puso en pausa su plan profético con Israel. Por eso, Jesús le dijo a los judíos: «Y caerán a filo de espada, y serán llevados cautivos a todas las naciones; y Jerusalén será hollada por los gentiles, *hasta que los tiempos de los gentiles se cumplan*» (Lc 21:24, énfasis añadido). En Romanos 11, el apóstol Pablo también hizo una exposición poderosa sobre esta gran verdad:

> Lo que buscaba Israel, no lo ha alcanzado; pero los escogidos sí lo han alcanzado, y los demás fueron endurecidos [...] por su transgresión vino la salvación a los gentiles, para provocarles a celos [...] ha acontecido a Israel endurecimiento en parte, hasta que haya entrado la plenitud de los gentiles [...] así también estos ahora han sido desobedientes, para que por la misericordia concedida a vosotros, ellos también alcancen misericordia. Porque Dios sujetó a todos en desobediencia, para tener misericordia de todos (Ro 11:7, 11, 25, 31-32).

Lo que Pablo está argumentando aquí es la revelación profunda que él había recibido sobre cómo Dios había permitido que Israel fuera endurecido para que los gentiles fueran salvos. Por eso mientras está escribiendo se emociona y dice:

> ¡Oh profundidad de las riquezas de la sabiduría
> y de la ciencia de Dios! ¡Cuán insondables son
> sus juicios, e inescrutables sus caminos! Porque ¿quién entendió la mente del Señor? ¿O
> quién fue su consejero? ¿O quién le dio a él primero, para que le fuese recompensado? Porque
> de él, y por él, y para él, son todas las cosas. A él
> sea la gloria por los siglos. Amén (Ro 11:33-36).

Mi estimado hermano, si los gentiles tenemos acceso hoy a la salvación y a las promesas que habían sido dadas a Israel, es porque Dios, que es rico en misericordia, tuvo compasión de nosotros y permitió que los judíos fueran endurecidos para darnos de su gracia también a nosotros. Por lo cual, la Palabra dice:

> Acordaos de que en otro tiempo vosotros, los
> gentiles en cuanto a la carne, erais llamados
> incircuncisión por la llamada circuncisión hecha con mano en la carne. En aquel tiempo estabais sin Cristo, alejados de la ciudadanía de
> Israel y ajenos a los pactos de la promesa, sin
> esperanza y sin Dios en el mundo. Pero ahora
> en Cristo Jesús, vosotros que en otro tiempo

estabais lejos, habéis sido hechos cercanos
por la sangre de Cristo (Ef 2:11-13).

La restauración de Israel

Sin embargo, no podemos ignorar que aunque Dios permitió
que Israel fuera endurecido, aun así hay un plan para restaurarlos. Por lo cual el apóstol Pablo dice:

> ¿Ha desechado Dios a su pueblo? En ningu-
> na manera [...] Porque no quiero, hermanos,
> que ignoréis este misterio, para que no seáis
> arrogantes en cuanto a vosotros mismos: que
> ha acontecido a Israel endurecimiento en par-
> te, hasta que haya entrado la plenitud de los
> gentiles; y luego todo Israel será salvo, como
> está escrito: Vendrá de Sion el Libertador, que
> apartará de Jacob la impiedad. Y este será mi
> pacto con ellos, cuando yo quite sus pecados
> (Ro 11:1, 25-27).

El endurecimiento de Israel fue «en parte», porque
no todos los israelitas fueron endurecidos, sino que hubo un
remanente que sí le creyó al Mesías; y además, porque el endurecimiento no será para siempre.

Cuando suceda el rapto, dando por terminado el tiempo de gracia de Dios para los gentiles, entonces se reanudará
la profecía sobre Israel para restaurarlo, y dará inicio la última semana de Daniel.

El fuego de la prueba

No obstante, antes de que Israel pueda ser restaurado y reconozca a Jesucristo, Dios los pasará por el fuego de la persecución para ser purificados, pues el mismo anticristo que antes los habrá engañado se volverá en contra de ellos a la mitad de la tribulación y los perseguirá. Por esto en el capítulo 12 del libro de Daniel dice:

> Será tiempo de angustia, cual nunca fue desde que hubo gente hasta entonces; pero en aquel tiempo será libertado tu pueblo, todos los que se hallen escritos en el libro [...] Y dijo uno al varón vestido de lino, que estaba sobre las aguas del río: ¿Cuándo será el fin de estas maravillas? Y oí al varón vestido de lino, que estaba sobre las aguas del río, el cual alzó su diestra y su siniestra al cielo, y juró por el que vive por los siglos, que será por tiempo, tiempos, y la mitad de un tiempo. Y cuando se acabe la dispersión del poder del pueblo santo, todas estas cosas serán cumplidas [...] Y desde el tiempo que sea quitado el continuo sacrificio hasta la abominación desoladora, habrá mil doscientos noventa días (Dn 12:1, 6-7, 11).

El anticristo entrará en el templo y se sentará en el trono, proclamando que él es el dios al cual deben adorar y profanando así aquel lugar. Además, romperá el pacto que había hecho para proteger a Israel de sus enemigos, por lo que los judíos se darán cuenta de que han sido engañados y tendrán que huir como Jesús mismo profetizó: «Por tanto, cuando veáis en el lugar santo la abominación desoladora de que habló el profeta Daniel (el que lee, entienda), entonces los que estén en Judea, huyan a los montes» (Mt 24:15-16). Todo ese engaño será permitido por Dios para que vean que no hay otro Dios fuera de Él.

En ese día habrá gran angustia para Israel, pues se verá como un pequeño país siendo asediado por todas las naciones; y se cumplirá lo que Jeremías profetizó cuando dijo: «¡Ah, cuán grande es aquel día!, tanto, que no hay otro semejante a él; tiempo de angustia para Jacob; pero de ella será librado» (Jer 30:7).

La mujer y el dragón

Una de las visiones que ilustran muy bien esa persecución es la de Apocalipsis 12, donde se nos dice:

> Apareció en el cielo una gran señal: una mujer vestida del sol, con la luna debajo de sus pies, y sobre su cabeza una corona de doce estrellas. Y estando encinta, clamaba con dolores de parto, en la angustia del alumbramiento. También apareció otra señal en el cielo: he aquí un gran dragón escarlata, que tenía siete cabezas y diez cuernos, y en sus cabezas siete diademas; y su cola arrastraba la tercera parte de las estrellas del cielo, y las arrojó sobre

la tierra. Y el dragón se paró frente a la mujer
que estaba para dar a luz, a fin de devorar a su
hijo tan pronto como naciese. Y ella dio a luz
un hijo varón, que regirá con vara de hierro
a todas las naciones; y su hijo fue arrebatado
para Dios y para su trono. Y la mujer huyó
al desierto, donde tiene lugar preparado por
Dios, para que allí la sustenten por mil doscientos sesenta días (Ap 12:1-6).

En esta visión vemos que se nos habla de una mujer
que estaba encinta, y que no es otra que la nación de Israel,
pues aparece vestida de sol, con la luna debajo de sus pies y
con doce estrellas en su cabeza a manera de corona, la cual
significa el reino. Además, es algo similar a la visión que
tuvo José, donde se veían los mismos elementos (Gn 37:9).
También vemos que se habla de un niño varón que nacerá
de la mujer, cuya identidad ha sido de gran controversia. No
obstante, las dos teorías más acertadas son, primera, que
se pudiera tratar de los ciento cuarenta y cuatro mil judíos
que serán sellados por Dios y perseguidos por el anticristo,
lo cual es una posición que tiene cierta lógica y base bíblica.
Sin embargo, personalmente me inclino más por la segunda
opinión, y es que este niño pudiera estar representando la
llegada como tal del reino milenial de Cristo, el cual vendrá
para establecerse en y para Israel. Como ya dijimos previamente, Cristo no puede regresar a establecer su trono hasta
que Israel se arrepienta y lo reconozca como Mesías. Y es
por esa razón que vemos también en la visión a un dragón
escarlata que tenía siete cabezas y diez cuernos, quien no es

otro que Satanás, el cual obrará a través del anticristo para intentar impedir la llegada del reino del Mesías.

La profecía indica que el dragón perseguirá a la mujer (Israel) a través del anticristo, por lo que esta aparece dando gritos de angustia debido al alumbramiento que se acercaba, lo que es tipo de la angustia que atravesará esa nación. Pero aunque el anticristo intentará exterminarla, Dios la guardará.

El descenso del dragón

Así mismo, en ese momento sucederá en los cielos una batalla terrible entre los ángeles de Dios y Satanás con sus demonios, la cual se describe así:

> Después hubo una gran batalla en el cielo: Miguel y sus ángeles luchaban contra el dragón; y luchaban el dragón y sus ángeles; pero no prevalecieron, ni se halló ya lugar para ellos en el cielo. Y fue lanzado fuera el gran dragón, la serpiente antigua, que se llama diablo y Satanás, el cual engaña al mundo entero; fue arrojado a la tierra, y sus ángeles fueron arrojados con él (Ap 12:7-9).

Sabemos que Lucifer, junto con un tercio de los ángeles, se rebeló contra Dios en algún momento de la eternidad, por lo cual él y sus seguidores fueron arrojados de la presencia de Dios al segundo cielo, donde está actualmente el trono de Satanás y suceden la mayoría de las batallas espirituales

(Is 14:12-14; Ez 28:13-16; Lc 10:18; Ef 6:12). Sin embargo, en el pasaje que acabamos de ver de Apocalipsis 12 se revela que en la gran tribulación habrá un segundo desalojo del diablo y sus demonios, porque serán expulsados del segundo cielo para que desciendan a la tierra literalmente. Esto traerá tanto caos a la tierra, que Juan escucha a alguien desde el cielo decir: «¡Ay de los moradores de la tierra y del mar! porque el diablo ha descendido a vosotros con gran ira, sabiendo que tiene poco tiempo» (Ap 12:12). La profecía de Apocalipsis 12 continúa así:

> Y cuando vio el dragón que había sido arrojado a la tierra, persiguió a la mujer que había dado a luz al hijo varón. Y se le dieron a la mujer las dos alas de la gran águila, para que volase de delante de la serpiente al desierto, a su lugar, donde es sustentada por un tiempo, y tiempos, y la mitad de un tiempo. Y la serpiente arrojó de su boca, tras la mujer, agua como un río, para que fuese arrastrada por el río. Pero la tierra ayudó a la mujer, pues la tierra abrió su boca y tragó el río que el dragón había echado de su boca. Entonces el dragón se llenó de ira contra la mujer; y se fue a hacer guerra contra el resto de la descendencia de ella, los que guardan los mandamientos de Dios y tienen el testimonio de Jesucristo (Ap 12:13-17).

Este último pasaje revela que cuando el diablo descienda a la tierra con gran furia y vea que el plan de destruir a los judíos dentro de Jerusalén no funcionó, perseguirá entonces a Israel, pero Dios les guardará un lugar en el desierto donde serán protegidos por Él, de modo que haya un remanente de judíos que no pueda ser tocado por Satanás y el anticristo. Será entonces que el diablo dirigirá su atención al resto de la descendencia de Israel a través de la fe, los cristianos que se quedaron en el rapto, pero que guardarán los mandamientos de Dios y testificarán de Cristo, a los cuales el anticristo matará como ya vimos en la apertura del quinto sello. Más adelante veremos el desenlace final del juicio sobre Satanás.

La restauración espiritual

Una vez que Israel haya reconocido que fracasó al poner su confianza en un hombre que los traicionó y los persiguió para matarlos, entonces Dios comenzará a restaurarlos espiritualmente en medio de su angustia con el fin de que reconozcan a Jesús como Mesías y sean salvos. Recordemos que en la visión de Ezequiel 37 primero hubo una restauración de los huesos y la apariencia del ejército, lo cual fue tipo de la restauración de Israel en 1948. Pero luego se habla de una segunda restauración, cuando sopló sobre ellos el Espíritu Santo para darles vida (Ez 37:9-10), y esto representa la restauración espiritual de Israel en la gran tribulación, cuando reconocerán a Jesús como Mesías para ser salvos. Esto es así porque aunque Dios los restaurará para cumplir su pacto con Abraham y su descendencia, la salvación vendrá a través del reconocimiento del Nombre que es sobre todo nombre, pues nadie puede ser salvo sin recibir a Cristo, aunque sea judío.

Por lo tanto, Dios tocará sus corazones con el fin de que se arrepientan e invoquen a Jesús, para entonces ser salvos y restaurados.

Los dos testigos

Con el objetivo de lograr ese arrepentimiento genuino en el pueblo, Dios les enviará mensajeros que prediquen el evangelio, porque «la fe es por el oír, y el oír, por la palabra de Dios» (Ro 10:17), y parte de esos mensajeros serán los dos testigos de los cuales habla la profecía:

> Y daré a mis dos testigos que profeticen por mil doscientos sesenta días, vestidos de cilicio. Estos testigos son los dos olivos, y los dos candeleros que están en pie delante del Dios de la tierra. Si alguno quiere dañarlos, sale fuego de la boca de ellos, y devora a sus enemigos; y si alguno quiere hacerles daño, debe morir él de la misma manera. Estos tienen poder para cerrar el cielo, a fin de que no llueva en los días de su profecía; y tienen poder sobre las aguas para convertirlas en sangre, y para herir la tierra con toda plaga, cuantas veces quieran (Ap 11:3-6).

En medio de la gran confusión que tendrá el pueblo judío en la etapa de la gran tribulación debido a la gran sorpresa que se llevarán cuando vean que el anticristo era un farsante y que volcó sobre ellos la guerra, Dios levantará a dos hombres con determinadas características.

Primero, se les llama testigos, olivos y candeleros, porque testificarán de Cristo durante mil doscientos sesenta días, lo cual es igual a tres años y medio en el calendario hebreo, que es el tiempo que durará la gran tribulación, es decir, la segunda parte de la tribulación. Ellos darán testimonio de Cristo y también anunciarán juicios contra la humanidad perdida, por lo que llevan vestiduras de cilicio, como era típico de los profetas del Antiguo Testamento cuando iban a proclamar alguna profecía terrible. En segundo lugar, se dice de ellos que podrán hacer milagros asombrosos (v. 6). Y tercero se afirma que tendrán la protección de Dios hasta que termine el tiempo de su ministerio (v. 5).

Entonces, ¿quiénes pudieran ser estos dos testigos? Primero, es necesario descartar de entre las posibilidades la opinión de algunos que dicen que estos dos testigos son simbólicos de la iglesia. Como ya dijimos, creemos que la iglesia no estará aquí en la tierra para el tiempo de la gran tribulación. Pero además, el contexto del pasaje da a entender que se tratará de dos personas reales, de carne y hueso, por lo que no son personajes simbólicos. En segundo lugar, algunos han propuesto que se pudiera tratar de dos judíos cristianos del momento que se levantarán con el «espíritu» o la «unción» de Elías y Moisés para predicar, de la misma forma que Juan el bautista fue un tipo de Elías. No obstante, aunque esta posición no se puede descartar, creo que no es correcta, porque en el texto se da a entender que estos personajes están actualmente delante de la presencia de Dios (v. 4). Así que no creo que se trate de personas que se levanten en aquel entonces, aunque como ya dije, tampoco sería una herejía.

Todo indica que estos dos testigos pudieran ser dos individuos sobresalientes del Antiguo Testamento que vendrán a la tierra para dar testimonio, y la mayoría de los teólogos concuerdan en tres posibles candidatos: Enoc, Moisés y Elías. En realidad, hay dos escuelas de pensamiento para las que Elías es un candidato fijo, y el debate viene más bien al elegir entre Enoc y Moisés como el segundo candidato.

Por un lado, los que piensan que se pudiera tratar de Enoc y Elías se basan principalmente en el hecho de que estos nunca vieron la muerte (Gn 5:24; 2 R 2:11) y según Hebreos 9:27 es obligatorio que toda persona tiene que morir. Así que, según ellos, si Enoc y Elías fueron llevados al cielo sin ver muerte, es porque están reservados para morir en la gran tribulación. No obstante, lo que estos hermanos olvidan es que en el arrebatamiento millones de cristianos seremos llevados al cielo para no ver muerte (1 Ts 4:17). De igual manera, ellos se basan en el mismo versículo de Hebreos 9:27 para descalificar a Moisés como candidato, porque la Palabra dice que él murió y fue sepultado por Dios (Dt 34:5-6). Por lo que, según ellos, es imposible que Moisés muera dos veces. Pero debemos recordar que todos los que fueron resucitados por Jesús, como Lázaro (Jn 11:43-44), la hija de Jairo (Mr 5:41-42) y el hijo de la viuda de Naín (Lc 7:11-17), entre otros, tuvieron que morir dos veces, porque luego de ser resucitados en algún momento volvieron a morir. Así que el hecho de que Moisés haya muerto no lo invalida como candidato.

Por otro lado, los que opinan que Moisés y Elías pudieran ser los dos testigos se basan en los siguientes argumentos. Primeramente, los milagros que se mencionan en el pasaje sobre estos dos testigos se alinean mucho con los que realizaron Moisés y Elías. Como ya sabemos, Elías fue el único profeta que cerró el cielo por tres años y medio para que no lloviese (1 R 17-18). Resulta curioso que la sequía que provocó Elías duró el mismo tiempo que testificarán los dos testigos y que se tratara del mismo milagro de la falta de lluvia. Esto pudiera ser una señal importante. Y evidentemente, Moisés fue el único profeta que convirtió las aguas en sangre en Egipto y ministró en el caso de las diez plagas sobrenaturales. Por lo que vemos que los milagros que harán los dos testigos se parecen mucho a los que realizaron Moisés y Elías.

En segundo lugar, a diferencia de Enoc, quien aunque fue traspuesto al cielo no desempeñó un papel demasiado relevante o importante para el pueblo judío como profeta, en el caso de Moisés y Elías sí vemos que tuvieron un papel sumamente relevante histórica y proféticamente para el pueblo de Israel. No solo por la trascendencia de sus hechos, o la fama y el renombre que tienen hasta el día de hoy entre el pueblo judío, sino además porque ellos representan la ley y los profetas. Moisés representa la ley y Elías a los profetas. Y sucede que tanto la ley como los profetas hablaron y profetizaron sobre Cristo. Sabemos que los judíos ortodoxos de hoy en día aún viven bajo el tiempo de la ley, esperando por el Mesías. Y por eso tiene mucha lógica que en el tiempo de la gran tribulación Dios les envíe a las dos personas que ellos más respetan de la historia, Moisés y Elías, para testificarles que la ley y los profetas anunciaban a Jesús, al cual ellos mataron.

Y en último lugar, no podemos negar que es muy llamativo que en la transfiguración (Mt 17:1-13) aparecieron precisamente Moisés y Elías conversando con Jesús. Y esto es un dato que no podemos pasar por alto, porque pudiera ser, aparte de todo, una señal sobre quiénes serán los que vendrán como testigos en la gran tribulación.

Como quiera, creo que no podemos ser dogmáticos al respecto, porque el pasaje no menciona sus nombres. Y además, la identidad de ellos no es tan relevante como la misión que cumplirán. Lo importante es que estos dos testigos trabajarán arduamente en predicarles el evangelio a sus hermanos judíos, con demostración de señales y milagros, lo cual provocará muy posiblemente que millones de israelitas sean salvos por medio del mensaje de ellos. Además, es probable que lideren a los ciento cuarenta y cuatro mil sellados, los que servirán a Dios con la misma responsabilidad. Por eso son llamados olivos y candeleros —lo cual hace alusión a la visión de Zacarías 4— refiriéndose quizás al poder y la unción con los cuales testificarán de Cristo. Y todo esto se trata del plan de Dios para restaurar a los judíos espiritualmente y que reconozcan que el Mesías verdadero es aquel al cual crucificaron hace dos mil años, pero que viene otra vez.

En verdad, aunque Dios protegerá a los dos testigos para que nadie los pueda tocar, al final de su ministerio sucederá lo siguiente:

> Cuando hayan acabado su testimonio, la bestia que sube del abismo hará guerra contra ellos, y los vencerá y los matará. Y sus cadáveres estarán en la plaza de la grande ciudad que en sentido espiritual se llama Sodoma y Egipto, donde también nuestro Señor fue

crucificado. Y los de los pueblos, tribus, lenguas y naciones verán sus cadáveres por tres días y medio, y no permitirán que sean sepultados. Y los moradores de la tierra se regocijarán sobre ellos y se alegrarán, y se enviarán regalos unos a otros; porque estos dos profetas habían atormentado a los moradores de la tierra (Ap 11:7-10).

El anticristo le dará gran publicidad a la matanza de estos dos testigos y los mantendrá en la plaza de Jerusalén durante tres días y medio, y los reyes de la tierra se alegrarán. Sin embargo, la profecía luego dice:

> Pero después de tres días y medio entró en ellos el espíritu de vida enviado por Dios, y se levantaron sobre sus pies, y cayó gran temor sobre los que los vieron. Y oyeron una gran voz del cielo, que les decía: Subid acá. Y subieron al cielo en una nube; y sus enemigos los vieron. En aquella hora hubo un gran terremoto, y la décima parte de la ciudad se derrumbó, y por el terremoto murieron en número de siete mil hombres; y los demás se aterrorizaron, y dieron gloria al Dios del cielo (Ap 11:11-13).

Al igual que la resurrección de Cristo avergonzó al diablo y sus planes, así también la resurrección de estos dos testigos y su ascenso al cielo serán un gran bochorno para el anticristo y su imperio, los cuales se atemorizarán porque vendrá un terremoto repentino, tan fuerte que la décima parte de la ciudad de Jerusalén se derrumbará y siete mil personas morirán, quizás en cumplimiento de la profecía que vemos en Zacarías 14:4-10.

Los ciento cuarenta y cuatro mil sellados

Junto con estos dos testigos, Dios levantará también a un grupo de ciento cuarenta y cuatro mil judíos que serán sellados para Él. Esta profecía la encontramos en Apocalipsis 7, y dice así:

> Y oí el número de los sellados: ciento cuarenta y cuatro mil sellados de todas las tribus de los hijos de Israel. De la tribu de Judá, doce mil sellados. De la tribu de Rubén, doce mil sellados. De la tribu de Gad, doce mil sellados. De la tribu de Aser, doce mil sellados. De la tribu de Neftalí, doce mil sellados. De la tribu de Manasés, doce mil sellados. De la tribu de Simeón, doce mil sellados. De la tribu de Leví, doce mil sellados. De la tribu de Isacar, doce mil sellados. De la tribu de Zabulón, doce mil sellados. De la tribu de José, doce mil sellados. De la tribu de Benjamín, doce mil sellados (Ap 7:4-8).

Más adelante, en el capítulo 14, también se añaden otros detalles sobre ellos:

Después miré, y he aquí el Cordero estaba
en pie sobre el monte de Sion, y con él ciento
cuarenta y cuatro mil, que tenían el nombre
de él y el de su Padre escrito en la frente. Y oí
una voz del cielo como estruendo de muchas
aguas, y como sonido de un gran trueno; y la
voz que oí era como de arpistas que tocaban
sus arpas. Y cantaban un cántico nuevo delante del trono, y delante de los cuatro seres vivientes, y de los ancianos; y nadie podía aprender el cántico sino aquellos ciento cuarenta y
cuatro mil que fueron redimidos de entre los
de la tierra. Estos son los que no se contami-
naron con mujeres, pues son vírgenes. Estos
son los que siguen al Cordero por dondequie-
ra que va. Estos fueron redimidos de entre los
hombres como primicias para Dios y para el
Cordero; y en sus bocas no fue hallada mentira, pues son sin mancha delante del trono de
Dios (Ap 14:1-5).

Ahora bien, se han propagado muchos errores sobre
la identidad de estos ciento cuarenta y cuatro mil, como el
argumento dado por los testigos de Jehová, que afirman que
ellos son los únicos que recibirán un cuerpo espiritual en la resurrección, lo cual no solamente carece de base bíblica, sino
que además condena a un gran número de personas porque
hay muchos más afiliados a esa secta, que superan evidentemente esta cifra. Por otro lado, algunos hermanos han dicho
que estos sellados son tipo de la iglesia de Cristo. Pero los que

afirman tal cosa ciertamente no creen en el arrebatamiento de la iglesia, porque creemos que la misma estará en el cielo.

Todo indica que estos ciento cuarenta y cuatro mil sellados será un número literal de judíos que se convertirán específicamente en la primera etapa de la gran tribulación para servir a Dios, ya que como es evidente los judíos cristianos que estén vivos previo al arrebatamiento no se quedarán en la tierra durante la gran tribulación, pues se irán con Cristo en el rapto. Sin embargo, este grupo estará integrado por nuevos convertidos a Cristo en la tribulación, los cuales serán marcados por Dios en sus frentes no solo para darles identidad y llamado, sino sobre todo para brindarles protección del anticristo. Este número de ciento cuarenta y cuatro mil se divide en doce mil por cada tribu de Israel, aunque José aparece tomando el lugar de Efraín y Leví el de Dan por algún misterio que no habría tiempo para abordarlo en este libro.

Es muy probable que estos ciento cuarenta y cuatro mil servirán a Cristo como testigos del evangelio por diferentes razones. En primer lugar, se les llama «siervos» en la profecía: «No hagáis daño a la tierra, ni al mar, ni a los árboles, hasta que hayamos sellado en sus frentes a los siervos de nuestro Dios» (Ap 7:3). En segundo lugar, se dice que tenían el nombre del Cordero y el de su Padre escrito en sus frentes (Ap 14:1). Esto hace referencia a la predicación del evangelio, levantando al Hijo de Dios como el Mesías verdadero. Y en tercer lugar, también se afirma que fueron redimidos como primicias para Dios y el Cordero (Ap 14:4). La palabra «primicia» habla de primeros frutos, por lo que se da a entender que otros muchos judíos serán salvos en la gran tribulación, lo cual confirma lo que dice Romanos 11:26 acerca de que todo Israel será salvo. Estos ciento cuarenta y cuatro mil serán los primeros, y no solo serán redimidos al creer en Jesús, sino que serán sellados para predicarles de Cristo a sus hermanos sin poder ser tocados por el anticristo.

Resumen

De manera que, como hemos estudiado, Dios tiene un plan hermoso todavía para la amada nación de Israel a pesar de su actual dureza de corazón. Apenas Cristo haya llevado a su iglesia al cielo, Él mismo comenzará a tratar nuevamente con su pueblo Israel para que se conviertan y sean salvos. Y cuando ellos se arrepientan, entonces Cristo Jesús vendrá en gloria por segunda vez para libertarlos de su opresor y reinar desde Jerusalén. Y llorarán al ver al Verbo regresando a la tierra con gran gloria, para que se cumpla la palabra que dice: «Y derramaré sobre la casa de David, y sobre los moradores de Jerusalén, espíritu de gracia y de oración; y mirarán a mí, a quien traspasaron, y llorarán como se llora por hijo unigénito, afligiéndose por él como quien se aflige por el primogénito» (Zac 12:10).

Mi estimado hermano, hoy vemos a un Israel alejado de Dios y en tinieblas espirituales, pero queremos anunciarle a esa amada nación que su redención está muy cerca. Pronto ellos invocarán al mismo Cristo que nosotros adoramos y dirán: «Bendito el que viene en el nombre del Señor» (Mt 23:39). ¡Israel, te amamos y oramos por ti! ¡Pronto tu Rey regresará!

CAPÍTULO 8

La segunda venida de Cristo y el reino milenial

Cuando se cumplan los siete años de tribulación y gran tribulación, entonces llegará el evento más glorioso que jamás hombre alguno ha visto y del cual hay cientos de profecías en la Biblia, y se trata de la segunda venida de Cristo a la tierra. Este acontecimiento es conocido en las Escrituras como la *parousia*, una palabra griega que significa literalmente venida o advenimiento (Mt 24:3; 1 Co 15:23; 1 Ts 2:19; 2 Ts 2:8; 2 P 3:4; 1 Jn 2:28).

Sabemos por la Biblia que el Hijo de Dios se hizo carne y habitó entre nosotros como enseña Jn 1:14, dando cumplimiento así a las profecías del Antiguo Testamento —como las de Isaías 7:14; 9:6-7— que anunciaban su primer advenimiento. También la Biblia da evidencia de que Cristo murió en la cruz y fue sepultado, pero que luego resucitó al tercer día y se mostró a muchos durante cuarenta días, dando testimonio de que había resucitado (Hch 1:3; 1 Co 15:3-8). Y por último, al término de aquellos días, ascendió al cielo visiblemente para sentarse a la diestra de Dios, como se nos enseña en Marcos 16:19.

Por otra parte, la Biblia también profetiza que el mismo Jesús que ascendió, regresará otra vez de igual manera visiblemente a la tierra, con gran poder y gloria, para reinar durante mil años con su iglesia desde Jerusalén y restaurar todas las cosas. El libro de Hechos relata que cuando los discípulos vieron a Jesús ser llevado al cielo en una nube, permanecieron con los ojos puestos en el firmamento entre tanto él se iba, y que de repente se les aparecieron unos ángeles que les dijeron: «Varones galileos, ¿por qué estáis mirando al cielo? Este mismo Jesús, que ha sido tomado de vosotros al cielo, así vendrá como le habéis visto ir al cielo» (Hch 1:11). Esta es la primera vez luego del ascenso del Señor que la promesa de su regreso es dada, confirmando lo que Jesús mismo había ya anunciado en pasajes como el de Mateo 24. De ahí en adelante, la iglesia predicó y enseñó tal esperanza donde quiera que iban (Hch 3:21), e incluso se saludaban a menudo con la palabra *Maranata*, la cual proviene del arameo y significa «El Señor viene» (1 Co 16:22).

El cumplimiento de esa profecía gloriosa llegará después de los siete años de tribulación y gran tribulación, así como el mismo Jesús profetizó:

> E inmediatamente después de la tribulación de aquellos días, el sol se oscurecerá, y la luna no dará su resplandor, y las estrellas caerán del cielo, y las potencias de los cielos serán conmovidas. Entonces aparecerá la señal del Hijo del Hombre en el cielo; y entonces lamentarán todas las tribus de la tierra, y verán al Hijo del Hombre viniendo sobre las nubes del cielo, con poder y gran gloria (Mt 24:29-30).

¡Imaginemos cómo será ese momento glorioso! En instantes, numerosos fenómenos sucederán en el cielo previo a la llegada del Señor, porque las potencias de los cielos serán conmovidas, meteoritos caerán a la tierra, y el sol y la luna dejarán de brillar, quedando el cielo en total oscuridad para dar así lugar a la señal gloriosa del Hijo del Hombre. Todos los noticieros, redes sociales y medios de comunicación estarán enfocados en el cielo, transmitiendo aquel fenómeno nunca antes visto. Cuando de repente, así como un gran relámpago, aparecerá Jesús en las nubes vestido de gran gloria y majestad, llenando los cielos de su luz radiante, una luz que será mayor que el resplandor del sol. Y los pueblos se lamentarán y temerán la llegada del Mesías, porque vendrá para imponer su justicia sobre toda la tierra.

En Apocalipsis 19, encontramos la visión que el apóstol Juan tuvo sobre ese glorioso momento, que se describe de la siguiente manera:

Entonces vi el cielo abierto; y he aquí un caballo blanco, y el que lo montaba se llamaba Fiel y Verdadero, y con justicia juzga y pelea. Sus ojos eran como llama de fuego, y había en su cabeza muchas diademas; y tenía un nombre escrito que ninguno conocía sino él mismo. Estaba vestido de una ropa teñida en sangre; y su nombre es: EL VERBO DE DIOS. Y los ejércitos celestiales, vestidos de lino finísimo, blanco y limpio, le seguían en caballos blancos. De su boca sale una espada aguda, para herir con ella a las naciones, y él las regirá con vara de hierro; y él pisa el lagar del vino del furor y de la ira del Dios Todopoderoso. Y en su vestidura y en su muslo tiene escrito este nombre: REY DE REYES Y SEÑOR DE SEÑORES (Ap 19:11-16).

A diferencia del jinete que vimos en el primer sello, el cual es tipo del anticristo, en este caso sí se tratará de Cristo Jesús regresando a la tierra, pues se le ve cabalgando sobre un caballo blanco, tipo de su realeza y majestad, y se le llama Fiel y Verdadero. También se dice que él ejerce sus juicios y guerras con justicia, porque escudriña todo con sus ojos, que son como llamas de fuego. Juan lo observa vestido de una ropa teñida en sangre, lo que nos habla de su sacrificio en la cruz y confirma que el que murió en debilidad (2 Co 13:4) es el mismo que regresará con gran gloria. Por esto lleva en su cabeza muchas diademas, hablando de los numerosos reinos que recibirá, pues Él será Rey de reyes sobre todos. Vendrá para reinar, ya no como Cordero, sino ahora como León, aplastando a sus enemigos y rigiendo con vara de hierro. Y por si a alguien le queda duda de sobre quién se habla aquí, se dice también que su nombre es el verbo de Dios. ¡Aleluya! ¡Él viene a la tierra con gran poder y gloria!

Ahora permítame mencionarle algunos detalles importantes que la Biblia enseña sobre la segunda venida de Cristo. En primer lugar, en Mateo 24:27, Jesús comparó su venida con un relámpago, no solo por el gran resplandor que se creará en el cielo cuando aparezca en las nubes, sino también por la manera repentina en que sucederá. Cuando menos el anticristo se lo espere, el Señor aparecerá con prontitud para derrotarlo, dictar juicio sobre los pecadores y establecer justicia en la tierra durante mil años, cumpliéndose lo que el ángel le había anunciado a Daniel, que esto sucedería «para terminar la prevaricación, y poner fin al pecado, y expiar la iniquidad, para traer la justicia perdurable, y sellar la visión y la profecía, y ungir al Santo de los santos» (Dn 9:24).

En segundo lugar, la profecía dice que Cristo viene en las nubes (Mt 24:30), y esto es un indicativo de la gloria y el poder con el cual regresará a la tierra. Primero se dejó avergonzar en la cruz del Calvario por amor a nosotros y murió en debilidad (2 Co 13:4; Fil 2:6-8), pero en su regreso vendrá con tal gloria que los cielos se estremecerán.

En tercer lugar, Juan observa que Cristo no vendrá solo a la tierra, sino acompañado de los ejércitos celestiales

(Ap 19:14). En este grupo de seres que lo acompañarán estarán primeramente los ángeles (Mt 25:31), pero también los santos cristianos, algo que se puede deducir de la vestimenta que llevaban, que se le ha atribuido previamente a la iglesia: «Gocémonos y alegrémonos y démosle gloria; porque han llegado las bodas del Cordero, y su esposa se ha preparado. *Y a ella se le ha concedido que se vista de lino fino, limpio y resplandeciente; porque el lino fino es las acciones justas de los santos*» (Ap 19:7-8, énfasis añadido). Así que, cuando Cristo regrese, su iglesia, que habrá estado en el cielo celebrando las bodas del Cordero, vendrá también a la tierra para reinar con Él desde Jerusalén.

En cuarto lugar, a diferencia del arrebatamiento, la Biblia aclara que esta segunda venida será totalmente visible para el mundo impío: «He aquí que viene con las nubes, y todo ojo le verá, y los que le traspasaron; y todos los linajes de la tierra harán lamentación por él. Sí, amén» (Ap 1:7).

Y en quinto y último lugar, Cristo no solo aparecerá visiblemente en las nubes, sino que vendrá literalmente a la tierra a poner sus pies sobre el monte de los Olivos, el mismo lugar desde el cual ascendió al cielo. Y cuando lo haga, habrá un terremoto que cambiará la topografía de aquel lugar, convirtiéndolo en un valle donde se asentará su reino, como lo profetizó Zacarías: «Y se afirmarán sus pies en aquel día sobre el monte de los Olivos, que está en frente de Jerusalén al oriente; y el monte de los Olivos se partirá por en medio, hacia el oriente y hacia el occidente, haciendo un valle muy grande; y la mitad del monte se apartará hacia el norte, y la otra mitad hacia el sur» (Zac 14:4).

La batalla de Armagedón

Cuando el anticristo contemple el regreso de Cristo, se enfurecerá mucho y congregará a un gran ejército para intentar hacerle la guerra al Señor en lo que se conoce como la batalla de Armagedón. En el pasaje de la sexta copa, ya vimos que la trinidad satánica compuesta por el dragón, el anticristo y el falso profeta convocarán a las naciones de la tierra a fin de reunirlas para la batalla. Se afirma que entonces el río Éufrates se secará para dar paso a los reyes del oriente, los cuales según algunos teólogos pudieran tratarse de los países árabes, enemigos de Israel, respaldados por los países del lejano oriente, como China y quizás hasta Rusia y su presidente (Ap 16:12-16). En Apocalipsis 19, vemos ya la realización de tal congregación de enemigos de Dios cuando dice:

> Y vi a un ángel que estaba en pie en el sol, y clamó a gran voz, diciendo a todas las aves que vuelan en medio del cielo: Venid, y congregaos a la gran cena de Dios, para que comáis carnes de reyes y de capitanes, y carnes de fuertes, carnes de caballos y de sus jinetes, y carnes de todos, libres y esclavos, pequeños y grandes. Y vi a la bestia, a los reyes de la tierra y a sus ejércitos, reunidos para guerrear contra el que montaba el caballo, y contra su ejército (Ap 19:17-19).

El valle donde serán reunidos estos ejércitos es llamado Armagedón, o también Meguido en el Antiguo Testamento,

217

y se trata de un valle gigantesco muy famoso en la historia de la nación judía, donde se libraron batallas como la de Jehú, la de Débora y Barac contra los cananeos, la de Gedeón, y otras. Napoleón comentó sobre este valle que era el mejor y más natural campo de batalla del mundo.

No obstante, antes de que el anticristo pueda dar la señal de ataque, el Señor tomará la iniciativa, por lo que no llega a haber realmente un ataque de parte de las naciones, sino solo una reunión con propósitos marcados de pelear, pero serán neutralizados por la acción de Jesucristo, así como el pasaje indica:

> Y la bestia fue apresada, y con ella el falso profeta que había hecho delante de ella las señales con las cuales había engañado a los que recibieron la marca de la bestia, y habían adorado su imagen. Estos dos fueron lanzados vivos dentro de un lago de fuego que arde con azufre. Y los demás fueron muertos con la espada que salía de la boca del que montaba el caballo, y todas las aves se saciaron de las carnes de ellos (Ap 19:20-21).

Como vemos, Dios comenzará su sentencia de juicio en aquel día contra el anticristo y el falso profeta, a los cuales apresará y lanzará al lago que arde con fuego y azufre. Y ahí se cumplirá lo que había dicho Pablo: «Y entonces se manifestará aquel inicuo, a quien el Señor matará con el espíritu de su boca, y destruirá con el resplandor de su venida» (2 Ts 2:8). Cabe decir que el anticristo y el falso profeta inaugurarán el lago de fuego, que es distinto al infierno, como veremos en el siguiente capítulo.

Sin embargo, no solo ellos van a ser castigados por el Cordero, sino que también se ejecutará sentencia sobre los reyes impíos y los ejércitos que se hayan rebelado contra Cristo (Ap 19:21). Note que aquí se está hablando del contexto de la batalla, de modo que los guerreros que habrá convocado el anticristo serán todos muertos por la espada que sale de la boca de Cristo, lo cual hace alusión a la palabra de juicio que el Cordero ejecutará sobre los malvados. Ellos serán muertos al instante, y sus almas irán evidentemente al infierno para ser condenados.

Pero Apocalipsis también enseña que habrá una tercera sentencia en aquel día, y será para el mismo Satanás, el dragón, al que Dios condenará a la cárcel misma. La profecía dice así:

> Vi a un ángel que descendía del cielo, con la llave del abismo, y una gran cadena en la mano. Y prendió al dragón, la serpiente antigua, que es el diablo y Satanás, y lo ató por mil años; y lo arrojó al abismo, y lo encerró, y puso su sello sobre él, para que no engañase más a las naciones, hasta que fuesen cumplidos mil años; y después de esto debe ser desatado por un poco de tiempo (Ap 20:1-3).

Esta es la tercera de las cuatro caídas que la Biblia profetiza con respecto a Lucifer. Primero, fue arrojado en algún momento de la eternidad del tercer cielo al segundo, cuando se rebeló contra Dios. Luego, en la gran tribulación, será arrojado a la tierra para perturbar a los moradores y perseguir a Israel. Y en la segunda venida de Cristo, ya no podrá estar tampoco aquí en la tierra, por lo que será atado con una gran cadena y arrojado al abismo, la misma prisión de donde salieron los demonios en forma de langosta en la quinta trompeta (Ap 9:1-2). La profecía dice que un ángel abrirá ese abismo para arrojar a Satanás en él y le pondrá el sello de Dios para que no pueda salir.

El milenio

Será entonces que, con el encarcelamiento de Satanás y la muerte del anticristo y el falso profeta, comenzará en la tierra un tiempo de mil años de total paz y bonanza, conocido teológicamente como el reino milenial de Cristo; aunque también se le conoce en la Biblia como: «el mundo venidero» (Heb 2:5), «el día postrero» (Jn 6:40), «la regeneración» (Mt 19:28), «tiempos de refrigerio» (Hch 3:19), «los tiempos de la restauración de todas las cosas» (Hch 3:21) y «el día del Señor» (1 Co 1:8; 5:5; 2 Co 1:14).

A diferencia de lo que distintos maestros errados han propuesto, el milenio no será algo simbólico o espiritual, sino que se tratará de un reino literal y verdadero. Daniel profetizó sobre ese reino milenial cuando dijo: «Y en los días de estos reyes el Dios del cielo levantará un reino que no será jamás destruido, ni será el reino dejado a otro pueblo; desmenuzará y consumirá a todos estos reinos, pero él permanecerá para siempre» (Dn 2:44). Este mismo profeta también señaló luego en otro pasaje: «Mientras yo observaba esto, se colocaron unos tronos, y tomó asiento un Anciano de días. Su ropa era blanca como la nieve, y su cabello, blanco como la lana. Su trono con sus ruedas centelleaban como el fuego [...] Entonces vino el Anciano y emitió juicio en favor de los santos del Altísimo. En ese momento los santos recibieron el reino» (Dn 7:9, 22, NVI). En ambas visiones es evidente que el profeta estaba observando precisamente el reino de Cristo, el cual sería primero espiritual, pero luego literal.

Del mismo modo, Jesús hizo referencia al reino milenial cuando dijo: «De cierto os digo que en la regeneración, cuando el Hijo del Hombre se siente en el trono de su gloria, vosotros que me habéis seguido también os sentaréis sobre doce tronos, para juzgar a las doce tribus de Israel» (Mt 19:28). Y finalmente, el apóstol Pablo también fue usado por el Espíritu Santo para enseñar sobre el reino milenial: «En Cristo todos serán vivificados. Pero cada uno en su debido orden: Cristo, las primicias; luego los que son de Cristo, en su venida. Luego el fin, cuando entregue el reino al Dios y Padre, cuando haya suprimido todo dominio, toda autoridad y potencia. Porque preciso es que él reine hasta que haya puesto a todos sus enemigos debajo de sus pies» (1 Co 15:22-25).

¿Cuánto durará el milenio?

Por lo tanto, la Biblia sí da evidencias de que será un reino visible y literal, que durará mil años literales. También en Apocalipsis 20 se menciona en seis ocasiones la palabra «milenio» o «mil años», para hacer énfasis en que no será un tiempo simbólico, sino literal.

Y sobre esto quiero enseñar algo muy profundo. Al analizar en la Biblia la manera como Dios trabaja con el hombre, podemos identificar que el número siete es una constante, pues no solo significa perfección, sino también algo completo y terminado. En la creación, por ejemplo, Dios creó todo en seis días y descansó el séptimo, quedando marcado para la humanidad que las semanas debían ser contadas con siete días y no con menos ni más. También en el mandamiento del día de reposo vemos que se hace un énfasis en el número siete, porque se le mandó al pueblo israelita a descansar el día séptimo de cada semana, el sábado. Del mismo modo, en Levítico 25 encontramos una ordenanza que indicaba que cada siete años se debía separar un año de jubileo, lo cual significaba que no se podía trabajar la tierra. Y evidentemente en la escatología vemos que también se presenta el número siete cuando Dios le habla a Daniel sobre la última semana en la cual se manifestará el anticristo. Así que el número siete se repite en la Biblia una y otra vez como un número que representa perfección y culminación.

La razón por la cual menciono esto es porque se cree que la historia de la humanidad involucra también el número siete, solo que en lugar de ser un período de siete días, como en la creación, serán milenios, pues como bien dicen las Escrituras para Dios un día es como mil años y mil años como un día (Sal 90:4; 2 P 3:8). Desde Adán hasta Abraham hubo unos dos mil años, de Abraham a Jesús hubo otros dos mil, y desde Jesús hasta la actualidad han transcurrido otros dos mil años más aproximadamente. Por lo que creemos que estamos al borde de culminar los seis mil años de historia y faltaría solo un milenio, el cual es precisamente el día de reposo o año de jubileo, un tipo del reino milenial donde la tierra descansará de la maldición del pecado y Cristo reinará sobre este planeta con su iglesia.

Ahora bien, ¿qué sucederá en esos mil años? ¿Y cómo será el reino milenial de Cristo? Miremos brevemente algunos de los tantos detalles que la Biblia enseña sobre ese reino milenial.

Cristo será el Rey

Lo primero que necesitamos saber es que el Rey de este reino será Cristo Jesús mismo. En la visión de Juan, cuando se habla de aquellos que tomarán posesión del reino en el milenio, se afirma que «reinaron con Cristo mil años» (Ap 20:4). Obviamente, si reinarán con Cristo es porque Él será el Rey. Daniel declaró la siguiente profecía sobre el reino de Cristo: «Y le fue dado dominio, gloria y reino, para que todos los pueblos, naciones y lenguas le sirvieran; su dominio es dominio eterno, que nunca pasará, y su reino uno que no será destruido» (Dn 7:14).

En su primera venida al mundo, Jesús rechazó los reinos perversos que Satanás le ofreció (Mt 4:8-10), así como también el reino político de Israel cuando la gente lo quiso coronar (Jn 6:15). Y la razón es que Él había venido primero como cordero y siervo sufriente. Sin embargo, en su segunda venida, vendrá para reinar con toda autoridad de manera literal. Por eso su reino no será opcional para los impíos, sino que se tendrán que someter por obligación, porque Él regirá con vara de hierro (Sal 2:9; Ap 2:27; 12:5; 19:15).

¿Habrá impíos en el milenio?

Dado lo que hemos visto antes, podríamos preguntarnos si acaso habrá entonces inconversos en el tiempo del milenio. Y la respuesta es: ¡Sí! La Biblia profetiza que en la gran tribulación morirá más de la mitad de la población mundial, aunque algunos teólogos van más allá al decir que solo sobrevivirá un tercio de la población. También se enseña que en la segunda venida de Cristo serán lanzados al lago de fuego el anticristo y el falso profeta, y del mismo modo sus ejércitos serán muertos (Ap 19:21). No obstante, en ninguna parte de la Biblia hay evidencia suficiente para afirmar que todos los impíos morirán en la segunda venida de Cristo. Más bien se da espacio a pensar que habrá impíos sobrevivientes de los juicios de la gran tribulación, los cuales vivirán en el milenio no para ser salvos, sino para someterse al reino de Cristo. Estos tendrán hijos en el milenio, porque poseerán cuerpos terrenales y no glorificados como los de los santos, y serán los que resultarán engañados al final del milenio cuando el diablo sea suelto. El profeta Isaías dijo hablando de Jerusalén en este tiempo del milenio: «No habrá más allí niño que muera de pocos días, ni viejo que sus días no cumpla; porque el niño morirá de cien años, y el pecador de cien años será maldito» (Is 65:20). Esto indica que habrá personas con cuerpos terrenales, pues los que tendremos cuerpos glorificados no podremos reproducirnos. Y además, se indica que la edad se prolongará al igual que lo era antes del diluvio, pues las personas vivirán muchos años. Aunque, como veremos luego, todos ellos serán engañados por el diablo al final del milenio.

Cabe decir que hay un sector entre los teólogos que especula que los judíos que sobrevivirán a la persecución del anticristo y creerán en Jesús, aunque entrarán al reino milenial de Cristo, no serán glorificados en ningún momento, por lo cual continuarán en el milenio con cuerpos terrenales, reproduciéndose. Y según estos teólogos, los hijos que les nazcan a esos judíos también serán parte de aquellos que pudieran ser tentados por Satanás al final del milenio. Sin embargo, creo que no hay suficiente evidencia en la Biblia para afirmar tal cosa, pues son temas sobre los que las Escrituras no hablan demasiado. Por lo tanto, sería peligroso especular y pensar más allá de lo que está escrito. Pero de todos modos, lo que sí está claro es que habrá gentiles impíos en el milenio, presidentes de naciones y gente de todos los pueblos que se tendrán que someter al reino de Cristo.

¿Quiénes reinarán con Cristo?

Ahora bien, la Biblia establece que Cristo no reinará solo, sino que estará acompañado por aquellos que reinarán juntamente con Él. «Y vi tronos, y se sentaron sobre ellos los que recibieron facultad de juzgar» (Ap 20:4). Pero, ¿quiénes serán los que reinarán con Cristo? En realidad hay tres grupos que reinarán juntamente con el Señor.

En primer lugar, la iglesia de Jesús tendrá el honor de reinar con Él aquí en la tierra durante esos mil años (Ap 3:21). La iglesia del Señor vendrá juntamente con Él en las nubes en el momento de su segunda venida y reinará en la tierra. Este reino estará presidido, en cuanto a jerarquía se refiere, por los apóstoles del Señor, quienes no solo ocuparán doce de los veinticuatro tronos que hay en el cielo al ser parte de los veinticuatro ancianos mostrados en la visión de Apocalipsis 4:4, sino que también ocuparán tronos de gran importancia en el reino milenial de Cristo, así como Jesús les prometió cuando les dijo:

> De cierto os digo que en la regeneración, cuando el Hijo del Hombre se siente en el trono de su gloria, vosotros que me habéis seguido también os sentaréis sobre doce tronos, para juzgar a las doce tribus de Israel (Mt 19:28).

Resulta glorioso saber que aunque en este mundo somos a veces afligidos por causa del nombre de Cristo —avergonzados, escupidos y maltratados por ser cristianos— tenemos una garantía de que en el regreso del Señor seremos exaltados en gran manera... ¡porque reinaremos con Él! Por tanto, el apóstol Pablo decía con tanta satisfacción: «Pues tengo por cierto que las aflicciones del tiempo presente no son comparables con la gloria venidera que en nosotros ha de manifestarse» (Ro 8:18). Y además añade: «Si sufrimos, también reinaremos con él» (2 Ti 2:12).

La resurrección de los mártires

El segundo grupo que reinará con Cristo es el de los mártires de la gran tribulación que resucitarán al inicio del milenio. La Palabra dice:

Y vi las almas de los decapitados por causa del
testimonio de Jesús y por la palabra de Dios,
los que no habían adorado a la bestia ni a su
imagen, y que no recibieron la marca en sus
frentes ni en sus manos; y vivieron y reinaron
con Cristo mil años (Ap 20:4).

Estos hermanos mártires son los mismos que aparecieron en Apocalipsis 6:9-11, aquellos decapitados cuyas
almas Juan observa clamando a Dios por justicia (Ap 6:10).
Ellos serán resucitados al inicio del milenio para reinar con
Cristo. Por lo cual, esta resurrección y la que sucederá en el
momento del rapto componen lo que se conoce como «la primera resurrección» (Ap 20:6). Sin embargo, todos los otros
muertos impíos, aquellos que no serán salvos, no resucitarán
hasta el final del milenio para ser juzgados y lanzados al lago
de fuego y azufre.

El reino de Israel

El tercer grupo que reinará con Cristo en el milenio será
la nación misma de Israel, aquellos que luego de ser pasados por el fuego de la prueba de la persecución aceptarán
a Jesús. Cuando Cristo regrese, ellos reinarán también con
Él (Jer 31:1). Además, ese reino tendrá un significado mayor
para ellos, porque el Rey de toda la tierra será un judío, descendiente de David. Y también porque Israel se convertirá
en el epicentro de la tierra, adonde las naciones tendrán que
venir a rendir adoración. Por lo cual, a Jerusalén se le dará

el nombre de «Jehová-sama», que significa «Jehová está allí» (Ez 48:35). De esa manera, Israel será restaurado espiritual y políticamente, cumpliéndose así lo que Miqueas había profetizado cuando dijo:

> Acontecerá en los postreros tiempos que el monte de la casa de Jehová será establecido por cabecera de montes, y más alto que los collados, y correrán a él los pueblos. Vendrán muchas naciones, y dirán: Venid, y subamos al monte de Jehová, y a la casa del Dios de Jacob; y nos enseñará en sus caminos, y andaremos por sus veredas; porque de Sion saldrá la ley, y de Jerusalén la palabra de Jehová (Mi 4:1-2).

Será allí, en Jerusalén, donde Cristo levantará su propio templo (Is 2:3; 60:13; Ez 40—48; Dn 9:24; Jl 3:18; Hag 2:7, 9) y entrará a este desde la puerta oriental, lo cual es un dato precioso, porque en la visión de Ezequiel 10:18-19 vimos que la gloria de Dios se alejó en el Antiguo Testamento por última vez precisamente por la puerta oriental, lo que profetizaba el abandono de Israel debido a su rechazo al Mesías. En la entrada triunfal de Jesús a Jerusalén, Él entró desde el monte de los Olivos por la puerta oriental, que según la tradición judía estaba reservada para la entrada del Mesías. Pero como Israel lo rechazó, esa puerta se cerró, y aunque luego se reedificó la ciudad de Jerusalén encima de los escombros de la antigua y se recrearon siete de sus antiguas ocho puertas, nunca se abrió la octava, la puerta oriental, ya que está reservada para el regreso de Cristo. Por eso la profecía dice: «Y me dijo Jehová: Esta puerta estará cerrada; no se abrirá, ni entrará por ella hombre, porque Jehová Dios de Israel entró por ella; estará, por tanto, cerrada» (Ez 44:2). Sin embargo, en el milenio, Cristo Jesús descenderá al monte de los Olivos y entrará a Jerusalén por la puerta oriental para inundar la ciudad de su gloria, la cual nunca más abandonará a la nación de Israel (Ez 43:1-5). Entonces se cumplirá el salmo que dice: «Alzad, oh puertas, vuestras cabezas, y alzaos vosotras, puertas eternas, y entrará el Rey de gloria. ¿Quién es este Rey de gloria? Jehová de los ejércitos, Él es el Rey de la gloria» (Sal 24:9-10).

En el milenio, Israel será engrandecido nuevamente y nunca más se apartarán del Señor, ni serán perseguidos por los enemigos, porque el Señor mismo habitará con esa nación amada para cuidarla y cumplir todas las promesas que les había dado a los patriarcas. Y desde esa amada nación reinaremos nosotros los cristianos, la iglesia de Jesucristo, juntamente con Él.

Las responsabilidades de la iglesia en el reino

Es hermoso saber que aún tendremos responsabilidades en el milenio, porque la profecía dice que se sentarán en los tronos «los que recibieron facultad de juzgar» (Ap 20:4). Por lo que vemos, aunque todos reinaremos de una manera u otra junto con Cristo, habrá algunos que recibirán mayor facultad o capacidad para sentarse en tronos y ejercer el juicio con sabiduría. Al estudiar la parábola de los talentos de Mateo 25:14-30 y la de las diez minas en Lucas 19:11-27, parece que el nivel de autoridad dependerá también del grado de fidelidad que hayamos tenido aquí en la tierra hacia Dios en este siglo. Sobre esto habló el apóstol Pablo cuando dijo: «¿O no sabéis que los santos han de juzgar al mundo? Y si el mundo ha de ser juzgado por vosotros, ¿sois indignos de juzgar cosas muy pequeñas? ¿O no sabéis que hemos de juzgar a los ángeles? ¿Cuánto más las cosas de esta vida?» (1 Co 6:2-3).

Evidentemente, durante el milenio sucederán muchas cosas gloriosas que aún no podemos comprender totalmente en esta vida. Sin embargo, está garantizado que será un tiempo precioso en el que reinaremos con Cristo sobre la tierra.

Paz en la tierra

Un último aspecto que quiero mencionar sobre lo que sucederá en el tiempo del milenio es que habrá una paz total sobre la tierra en todos los aspectos, porque Cristo restaurará la tierra a como era en el principio: un paraíso. En los primeros capítulos prometí que hablaría más adelante sobre el significado profundo del libro con los siete sellos de Apocalipsis 5, y lo quiero hacer ahora, ya que tiene que ver muchísimo con la restauración que el Señor traerá a la tierra.

Este libro con siete sellos que Juan observa en la visión representa un documento legal en el mundo espiritual, ya que en los tiempos antiguos se usaban esos pergaminos enrollados para legalizar algún documento, por lo que era sellado con siete sellos con el emblema de algún anillo de carácter oficial. De esta manera el documento quedaba legalizado y protegido de cambios y modificaciones, pudiendo solo ser abierto por la persona que presentase los avales suficientes para hacerlo. Por ejemplo, si el libro se trataba del título de propiedad de una casa o algún esclavo, el redentor tenía que demostrar haber pagado el precio necesario para la compra, y entonces podía abrir el título para tomar potestad sobre la propiedad o el esclavo. Del mismo modo, si se trataba de una herencia o de la voluntad de algún fallecido, solo lo podía abrir el que demostrara ser el heredero legítimo.

El libro que Juan observa en esta visión es el título de propiedad de la tierra, el cual Adán le entregó al diablo, pero Cristo recuperó a través de su sacrificio, ya que Jesús no solamente pagó en la cruz el precio por nuestros pecados, sino también por la redención de la tierra. Permítame explicarle a lo que me refiero.

Cuando Dios creó al hombre, le entregó la autoridad y el dominio sobre todo el planeta tierra para que él gobernara. Génesis dice: «Entonces dijo Dios: Hagamos al hombre a nuestra imagen, conforme a nuestra semejanza; y *señoree* en los peces del mar, en las aves de los cielos, en las bestias, en toda la tierra, y en todo animal que se arrastra sobre la tierra» (Gn 1:26, énfasis añadido). El hombre fue creado para señorear sobre toda la creación, recibiendo dominio sobre todos los animales. No obstante, cuando este pecó, perdió toda la autoridad que Dios le había dado y todo se vino en su contra. Las bestias se volvieron feroces, la tierra produjo espinos y cardos, y Adán perdió la autoridad que antes tenía, porque el pecado no solo daña nuestra relación con Dios, sino también la autoridad y todo aquello que está bajo nuestra cobertura espiritual.

Y en efecto, cuando el hombre perdió la autoridad sobre la tierra como príncipe, ¿sabe quién la usurpó? ¡El diablo! Por eso, cuando Satanás tentó a Jesús en el desierto, le dijo: «A ti te daré toda esta potestad, y la gloria de ellos; porque a mí me ha sido entregada, y a quien quiero la doy. Si tú postrado me adorares, todos serán tuyos» (Lc 4:6-7). Aunque Dios es soberano y sigue estando por encima de Satanás controlando todo lo que sucede en el planeta, la Biblia da evidencia en Juan 12:31 de que el diablo es el príncipe de este mundo, y en Efesios 2:2 añade que él es quien opera en los hijos de desobediencia. Por eso los reinos del mundo son tan perversos, corruptos e inestables, porque están siendo gobernados por Satanás.

Sin embargo, no solamente el hombre perdió la autoridad sobre el mundo, sino que el planeta tierra entero fue maldito producto del pecado. Cuando Dios confrontó a Adán por su pecado, dijo: «Por cuanto obedeciste a la voz de tu mujer, y comiste del árbol de que te mandé diciendo: No comerás de él; *maldita será la tierra por tu causa*; con dolor comerás de ella todos los días de tu vida. *Espinos y cardos te producirá*, y comerás plantas del campo» (Gn 3:17-18, énfasis añadido). Como resultado de aquella maldición, la tierra comenzó a dar espinos y cardos en vez de frutos, los animales se volvieron feroces, los desastres naturales comenzaron a surgir, y todo por culpa del pecado del hombre. Por esto Pablo habló sobre el deseo ardiente que tiene la creación de que llegue el día de nuestra redención para que ella sea redimida:

> Porque el anhelo ardiente de la creación es el
> aguardar la manifestación de los hijos de Dios.

Porque la creación fue sujetada a vanidad, no
por su propia voluntad, sino por causa del que
la sujetó en esperanza; porque también la creación misma será libertada de la esclavitud de
corrupción, a la libertad gloriosa de los hijos
de Dios. Porque sabemos que toda la creación
gime a una, y a una está con dolores de parto
hasta ahora; y no solo ella, sino que también nosotros mismos, que tenemos las primicias del
Espíritu, nosotros también gemimos dentro de
nosotros mismos, esperando la adopción, la
redención de nuestro cuerpo (Ro 8:19-23).

Ahora bien, la gran noticia es que Cristo Jesús vino
para retomar y redimir todo lo que el enemigo nos había ro-
bado (Mt 18:11). Por eso a Cristo se le llama el postrer Adán
en 1 Corintios 15:45, porque el primer hombre, Adán, lo perdió todo y se lo entregó al diablo. Pero el postrer y último
Adán, el Verbo, se hizo carne y vino a la tierra para tomar y
redimir todo lo que el diablo nos había quitado. Y una de esas
cosas es la autoridad sobre la tierra y el bienestar de esta. Es
precisamente por eso que Jesús llevó en su cabeza una corona de espinas, porque si Él era el Mesías prometido, no solo
tenía que llevar sobre sí el castigo de nuestros pecados, sino
también la maldición de la tierra.

Aquel libro con siete sellos que Juan observa es el título
de la tierra, el cual nadie podía abrir, porque se escucha a un
ángel diciendo: «¿Quién es digno de abrir el libro y desatar sus
sellos?» (Ap 5:2). Sin embargo, «ninguno, ni en el cielo ni en la
tierra ni debajo de la tierra, podía abrir el libro, ni aun mirarlo»

(Ap 5:3). ¡No se había hallado a nadie lo suficiente merecedor como para poder abrir ese libro! No podía ser un ángel ni ningún otro ser espiritual, porque ninguno de ellos se había hecho carne. El precio de la redención lo tenía que pagar alguien semejante a nosotros, o sea, un hombre, para ser verdaderamente «el postrer Adán». Tampoco podía ser alguien con manchas ni pecados, sino uno que pudiera pagar el precio necesario para recuperar el título de la propiedad de la tierra. ¡Pero no se halló inicialmente a nadie! No obstante, de repente un anciano se le acerca a Juan y le dice: «No llores. He aquí que el León de la tribu de Judá, la raíz de David, ha vencido para abrir el libro y desatar sus siete sellos» (Ap 5:5). Mi estimado hermano, solamente Cristo Jesús cumple con los requisitos, porque se hizo hombre como nosotros, nunca falló ni cometió pecado, y finalmente pagó un precio muy alto: su propia sangre. ¡Él es digno! ¡Él es el linaje de David y el León de la tribu de Judá!

Un detalle hermoso de la visión es que cuando Juan se da vuelta para ver quién era el León de la tribu de Judá que había sido hallado digno, no ve a un león, sino a un cordero con señales de que había sido inmolado. El pasaje dice así: «Y miré, y vi que en medio del trono y de los cuatro seres vivientes, y en medio de los ancianos, estaba en pie un Cordero como inmolado» (Ap 5:6). Esto nos recuerda que la manera en que Cristo se ganó el título de León fue siendo primero el Cordero inmolado por nuestros pecados. Los judíos no entendieron esto con respecto a Jesús, pues ellos pensaban que Él venía a reinar políticamente sobre la tierra y a liberarlos de Roma. Sin embargo, estaba profetizado que el Mesías debía venir primero como Cordero a fin de dar su vida por el hombre para salvarlo del mayor enemigo, que no es la política ni el dinero, sino el pecado. Isaías ya había tenido revelación de esta verdad, por lo cual profetizó diciendo: «Angustiado él, y afligido, no abrió su boca; como cordero fue llevado al matadero; y como oveja delante de sus trasquiladores, enmudeció, y no abrió su boca» (Is 53:7).

Juan el bautista también pudo entender este misterio, por lo que dijo: «He aquí el Cordero de Dios, que quita el pecado del mundo» (Jn 1:29). Asimismo, el apóstol Pedro afirmó que fuimos redimidos «con la sangre preciosa de Cristo, como de un cordero sin mancha y sin contaminación, ya destinado desde antes de la fundación del mundo, pero manifestado en los postreros tiempos por amor de vosotros» (1 P 1:19-20). Antes de que el hombre pecara, antes de que incluso fuera creado, antes de que la tierra y el universo fueran fundados, ya el Verbo había dicho sí a la comisión de venir un día a la tierra para padecer como nosotros y morir por nuestros pecados, siendo el autor de la salvación eterna.

No obstante, me llama la atención que aunque Juan ve a Cristo en la forma de un Cordero como inmolado, él estaba de pie, lo cual es tipo de su victoria sobre la muerte, porque si bien Cristo padeció por nuestros pecados y murió en la cruz, la muerte no lo pudo retener, pues al tercer día resucitó. Luego ascendió a la derecha del Padre, se sentó a su lado, y recibió un nombre que es sobre todo nombre (Fil 2:9-11). Así que Juan observa que el Cordero toma el libro de la mano del Padre y se dispone a abrirlo para redimir a la tierra de la maldición a la cual el hombre la sometió.

Dios tendrá que ejecutar esa purificación a través del fuego en la gran tribulación, pero cuando Cristo regrese, la tierra estará lista para el establecimiento de su reino y volverá a ser un paraíso como el del Edén, pero aún mejor. Resulta curioso que si usted lee los primeros capítulos de Génesis y los últimos de Apocalipsis, podrá darse cuenta de que parecen una misma película, narrada de principio a fin. Solo que en Génesis el hombre lo perdió todo, pero en Apocalipsis, Cristo nos devuelve todo lo que el pecado nos había quitado. Esa restauración que Cristo hará se reflejará en la naturaleza y los animales. La Escritura dice:

> Morará el lobo con el cordero, y el leopardo con el cabrito se acostará; el becerro y el león y la bestia doméstica andarán juntos, y un niño los pastoreará. La vaca y la osa pacerán, sus crías se echarán juntas; y el león como el buey comerá paja. Y el niño de pecho jugará sobre la cueva del áspid, y el recién destetado extenderá su mano sobre la caverna de la víbora. No harán mal ni dañarán en todo mi santo monte; porque la tierra será llena del conocimiento de Jehová, como las aguas cubren el mar (Is 11:6-9).

En el milenio, los animales no serán feroces ni habrá daño en toda la tierra. Y la vida humana será prolongada (Is 65:20). Pero además, esa paz afectará también las relaciones políticas, porque durante mil años no habrá guerra ni conflictos, ni siquiera con los impíos que estén aún en la tierra. La Palabra profetiza que las naciones de la tierra «martillarán sus espadas para azadones, y sus lanzas para hoces; no alzará espada nación contra nación, ni se ensayarán más para la guerra. Y se sentará cada uno debajo de su vid y debajo de su higuera, y no habrá quien los amedrente; porque la boca de Jehová de los ejércitos lo ha hablado» (Mi 4:3-4).

La teocracia que Cristo establecerá en el mundo traerá paz y justicia total para todas las naciones, lo cual es entendible, porque aquel que es el Príncipe de Paz y reina con justicia gobernará sobre toda la tierra. Ya lo había profetizado Isaías diciendo: «Lo dilatado de su imperio y la paz no tendrán límite, sobre el trono de David y sobre su reino, disponiéndolo y confirmándolo en juicio y en justicia desde ahora y para siempre. El celo de Jehová de los ejércitos hará esto» (Is 9:7).

Estimado lector, como podemos ver, durante el milenio el mundo será un paraíso hermoso, donde Cristo reinará sobre todos desde Jerusalén, junto con su iglesia e Israel. Y la tierra verá la paz que jamás había visto desde el tiempo del jardín del Edén, antes del pecado del hombre. Lo que el mundo necesita no son filosofías ni canciones sobre la paz, necesita a Jesús. ¡Él es la solución!

CAPÍTULO 9

La batalla final y la nueva Jerusalén

Una vez que termine el milenio sucederán una serie de eventos que conducirán a la batalla final, sobre la cual la Biblia dice: «Cuando los mil años se cumplan, Satanás será suelto de su prisión, y saldrá a engañar a las naciones que están en los cuatro ángulos de la tierra, a Gog y a Magog, a fin de reunirlos para la batalla; el número de los cuales es como la arena del mar» (Ap 20:7-8).

Aunque Satanás habrá sido aprisionado en el abismo durante los mil años del reino de Cristo, al final, Dios permitirá que sea liberado. La razón para esto pertenece solo a la soberanía de Dios, al igual que la incógnita de por qué lo creó si sabía todo el mal que causaría. No obstante, algunos han argumentado que Dios lo soltará para demostrarles a los hombres impíos que las condiciones ideales que hubo bajo el reino milenial de Cristo no cambiaron el corazón humano, ya que estos se rebelarán contra Dios. Y a la vez, creo que Dios lo permitirá también con el fin de tener así una razón válida para juzgarlos.

En fin, lo relevante es que cuando el diablo sea suelto de su prisión, recorrerá los cuatro ángulos de la tierra para engañar a los reyes y presidentes de aquellas naciones que sobrevivan a la gran tribulación, así como también a los hijos que les nacerán en el milenio; los cuales, aunque se someterán a Cristo por obligación, no dudarán en rebelarse contra Él cuando Satanás los tiente con un mensaje de autosuficiencia y rebeldía como ha sido siempre su estrategia, reuniéndolos para la gran batalla final.

Ahora bien, es llamativo que en esta profecía se les da un protagonismo especial a unos llamados Gog y Magog, los que posiblemente encabezarán la rebelión. Pero, ¿quiénes son Gog y Magog? En el libro de Ezequiel encontramos una profecía que nos da luz sobre quiénes pudieran ser, y dice así: «Hijo de hombre, pon tu rostro contra Gog en tierra de Magog, príncipe soberano de Mesec y Tubal, y profetiza contra él» (Ez 38:2). Al estudiar el contexto de esa profecía podemos saber que este tal Gog representa a un gobernante o rey, mientras que Magog es la tierra que él gobierna.

Según varios historiadores y eruditos, Magog es hoy en día la tierra de Rusia, ya que los agoguitas, descendientes de Jafet el hijo de Noé, se establecieron en aquellas tierras frías del norte que abarca las regiones de Tubal y Mesec, territorios que se extienden hoy desde Rusia hasta Turquía. Y además, la ciudad de Mesec nombrada en este pasaje es actualmente Moscú, la capital de Rusia. Por lo que muchos están de acuerdo en que Gog y Magog en la profecía se refieren específicamente al presidente de Rusia y su nación. Y resulta llamativo que en esa misma profecía de Ezequiel se hablara de una invasión que este rey y su nación llevarían a cabo contra Israel en el fin de los tiempos. La profecía dice así:

> De aquí a muchos días serás visitado; al cabo de años vendrás a la tierra salvada de la espada, recogida de muchos pueblos, a los montes de Israel, que siempre fueron una desolación; mas fue sacada de las naciones, y todos ellos morarán confiadamente. Subirás tú, y vendrás como tempestad; como nublado para cubrir la tierra serás tú y todas tus tropas, y muchos pueblos contigo (Ez 38:8-9).

Más adelante también se añade: «Vendrás de tu lugar, de las regiones del norte, tú y muchos pueblos contigo, todos ellos a caballo, gran multitud y poderoso ejército, y subirás contra mi pueblo Israel» (Ez 38:15-16).

Aunque evidentemente podemos ver algunos matices del cumplimiento de esta profecía en la batalla de Armagedón, previa al milenio, ya que Gog y Magog pudieran estar involucrados en esta, sin duda alguna el enfoque principal de esa profecía está dirigido a la batalla posterior al milenio, la final, sobre la cual Apocalipsis 20 está profetizando. Todo indica que Satanás posiblemente seducirá al presidente de Rusia que esté en turno para reunir a un numeroso ejército, tan grande que será como la arena del mar; y lo traerá sobre la anchura de la tierra de Palestina hasta Jerusalén, donde estará la sede del gobierno de Cristo, a fin de rodearla y pelear contra Él. Será entonces que se cumplirá la profecía que dice: «¿Por qué se amotinan las gentes, y los pueblos piensan cosas vanas? Se levantarán los reyes de la tierra, y príncipes consultarán unidos contra Jehová y contra su ungido, diciendo: Rompamos sus ligaduras, y echemos de nosotros sus cuerdas» (Sal 2:1-3).

El salmista, inspirado por el Espíritu Santo, escribió proféticamente sobre ese acontecimiento, cuando los reyes del mundo se juntarán para pelear contra Cristo. Sin embargo, el salmo continúa diciendo: «El que mora en los cielos se reirá; el Señor se burlará de ellos. Luego hablará a ellos en su furor, y los turbará con su ira. Pero yo he puesto mi rey sobre Sion, mi santo monte» (Sal 2:4-6).

Como indica este salmo profético, cuando Gog y Magog se reúnan junto con todos los ejércitos, entonces serán destruidos por completo, porque «de Dios descendió fuego del cielo, y los consumió» (Ap 20:9). De manera similar a lo que sucedió en Sodoma y Gomorra (Gn 19:24-25), el fuego de Dios descenderá del cielo sobre estos impíos y los destruirá.

La sentencia sobre Satanás

El pasaje revela además que Satanás también será destruido de una vez y para siempre: «Y el diablo que los engañaba fue lanzado en el lago de fuego y azufre, donde estaban la bestia y el falso profeta; y serán atormentados día y noche por los siglos de los siglos» (Ap 20:10).

En ese día se terminará de cumplir una de las promesas más grandes de la Biblia, a la cual nos hemos aferrado con fe: el fin de Satanás, nuestro adversario. Y digo que se terminará de cumplir porque en realidad la sentencia sobre el diablo fue determinada mucho tiempo atrás. En Génesis, cuando la serpiente antigua engañó a Eva, Dios estableció una sentencia diciendo: «Y pondré enemistad entre ti y la mujer, y entre tu simiente y la simiente suya; esta te herirá en la cabeza, y tú le herirás en el calcañar» (Gn 3:15). Esta profecía anunciaba que llegaría el día en que la simiente de la mujer, que es Jesús, heriría a Satanás en la cabeza, lo cual se cumplió en la cruz del Calvario cuando Jesús derramó su propia sangre no solo para darnos perdón, redención y libre acceso al Padre, sino también para hacernos libres de Satanás y vencerlo. Por esto dice la Palabra que «despojando a los principados y a las potestades, los exhibió públicamente, triunfando sobre ellos en la cruz» (Col 2:15). En aquel día, el precio para la victoria sobre Satanás fue pagado. Solo que no será hasta el final del milenio que la sentencia final se ejecutará de forma absoluta sobre el diablo.

Apocalipsis 20 nos enseña que el diablo será lanzado al lago de fuego y azufre, el mismo lugar donde cayeron antes el anticristo y el falso profeta. Esta será la cuarta y final caída para Lucifer, quien fue primero expulsado de la presencia de Dios, luego arrojado a la tierra en la gran tribulación, después atado por mil años, y ahora será finalmente lanzado al lago de fuego y azufre, de donde nunca más saldrá. Esto nos recuerda que aunque el enemigo anda hoy como león rugiente buscando a quien devorar (1 P 5:8), él sabe que sus días están contados en realidad, pues está sentenciado a condenación eterna. La Palabra promete: «Y el Dios de paz aplastará en breve a Satanás bajo vuestros pies» (Ro 16:20). ¡Gloria a Dios!

El juicio ante el gran trono blanco

Una vez que todos los impíos sean exterminados y Satanás sea lanzado al lago de fuego y azufre, entonces quedará terminado el reino milenial de Cristo en la tierra y se dará lugar al juicio frente al gran trono blanco, cumpliéndose así lo que la Biblia determina cuando dice: «Está establecido para los hombres que mueran una sola vez, y después de esto el juicio» (Heb 9:27). La profecía dice así:

Y vi un gran trono blanco y al que estaba sentado en él, de delante del cual huyeron la tierra y el cielo, y ningún lugar se encontró para ellos. Y vi a los muertos, grandes y pequeños, de pie ante Dios; y los libros fueron abiertos, y otro libro fue abierto, el cual es el libro de la vida; y fueron juzgados los muertos por las cosas que estaban escritas en los libros, según sus obras. Y el mar entregó los muertos que había en él; y la muerte y el Hades entregaron los muertos que había en ellos; y fueron juzgados cada uno según sus obras. Y la muerte y el Hades fueron lanzados al lago de fuego. Esta es la muerte segunda. Y el que no se halló inscrito en el libro de la vida fue lanzado al lago de fuego (Ap 20:11-15).

Es importante aclarar que en este juicio no estarán los cristianos, porque ya ellos habrán sido salvos y no tendría lógica que luego de estar en el cielo por siete años celebrando las bodas del Cordero, además de mil años en la tierra reinando, de repente Dios nos vaya a juzgar para ver si nuestros nombres están en el libro de la vida o no. Creo que tal suspenso no tendría ningún sentido y no tiene ninguna base bíblica. Más bien, los cristianos tendremos un juicio aparte y diferente a este, el cual no será para determinar si somos salvos o no, sino sencillamente para recibir mayores o menores recompensas según haya sido nuestra labor en la tierra. Por eso Jesús dijo: «He aquí yo vengo pronto, y mi galardón conmigo, para recompensar a cada uno según sea su obra» (Ap 22:12).

No obstante, en el juicio frente al gran trono blanco del cual habla Apocalipsis 20 sí estarán todos los impíos —desde el más grande hasta el más pequeño, ricos, pobres, educados, ignorantes, esclavos y libres—, los cuales resucitarán para presentarse delante de Dios. Y esta será la tercera resurrección, ya que primero habrá una resurrección de los santos en el momento del rapto (1 Ts 4:16), y luego también los mártires de la gran tribulación se levantarán en el momento de la segunda venida de Cristo (Ap 20:4), aunque en realidad a esas dos resurrecciones se les conoce doctrinalmente como «la primera resurrección». Pero ningún impío resucitará en esa primera resurrección, porque estarán reservados para el juicio final, por eso se afirma que «los otros muertos no volvieron a vivir hasta que se cumplieron mil años» (Ap 20:5).

Sin embargo, cuando termine el milenio, los cuerpos de los impíos resucitarán, y sus almas saldrán del infierno para tomar sus cuerpos. Pero para desgracia de ellos, su resurrección no será para vida eterna, sino para ser juzgados por Dios y lanzados finalmente al lago de fuego. «Y el mar entregó los muertos que había en él; y la muerte y el Hades entregaron los muertos que había en ellos; y fueron juzgados cada uno según sus obras» (Ap 20:13).

El color blanco del trono representa la santidad y la pureza ante las que estos impíos se tendrán que presentar, y en él estarán sentados Dios Padre —delante del cual Juan observa que huyen el cielo y la tierra— y también el Hijo, Jesucristo, quien tendrá la responsabilidad de juzgar a los muertos según sus obras, porque Él mismo dijo una vez: «El Padre a nadie juzga, sino que todo el juicio dio al Hijo [...] y también le dio autoridad de hacer juicio, por cuanto es el Hijo del Hombre» (Jn 5:22, 27). Igualmente, el apóstol Pablo señaló en su carta a Timoteo: «Te encarezco delante de Dios y del Señor Jesucristo, que juzgará a los vivos y a los muertos en su manifestación y en su reino, que prediques la palabra» (2 Ti 4:1-2). De manera que el Señor Jesucristo será el Juez de ese juicio, por lo tanto en ese día nadie podrá esconderse ni mentir, ya que Él tiene ojos como llamas de fuego (Ap 1:14), que lo escudriñan y conocen todo.

Además, el pasaje enseña que en aquel juicio serán abiertos muchos libros a través de los cuales serán juzgados estos muertos. «Y los libros fueron abiertos, y otro libro fue abierto, el cual es el libro de la vida; y fueron juzgados los muertos por las cosas que estaban escritas en los libros, según sus obras» (Ap 20:12). El profeta Daniel también tuvo una visión de este suceso y dijo: «Estuve mirando hasta que fueron puestos tronos, y se sentó un Anciano de días, cuyo vestido era blanco como la nieve, y el pelo de su cabeza como lana limpia; su trono llama de fuego, y las ruedas del mismo, fuego ardiente [...] el Juez se sentó, y los libros fueron abiertos» (Dn 7:9-10).

Estos libros son los expedientes de todas las obras que los hombres hicieron en la tierra, ya que en el cielo se guarda registro de cada acción, por lo cual, de la misma manera que los santos tendrán un juicio para recibir mayor o menor recompensa, así también los impíos recibirán mayor o menor condenación según su conducta en la tierra. Allí se tomarán en cuenta las obras de cada persona (Mt 16:27), sus palabras (Mt 12:36, 37), así como también los pensamientos y secretos más íntimos de cada cual (Ec 12:14; Ro 2:16).

En contraste con esos impíos, fíjese qué bendición tan grande tenemos los creyentes que la Biblia nos garantiza que Dios, en vez de registrar nuestros pecados, promete que los sepultará en lo profundo del mar (Mi 7:19) y que nunca más se acordará de ellos (Is 43:25). ¡Gloria a Dios por el regalo de la salvación! Pero en el caso de los impíos, sí habrá un expediente de sus maldades, para que reciban el castigo justo por sus pecados.

Con todo, el libro más importante que se abrirá en aquel juicio es el que se menciona en el versículo 12: «Y otro libro fue abierto, el cual es el libro de la vida». Este libro de la vida contiene la larga lista de las personas salvadas a través de la fe en Jesucristo, como se nos enseña en la Biblia (Fil 4:3; Sal 69:28; Dn 12:1; Ap 21:27; Ap 22:19). A la iglesia de Sardis, el Señor le dijo: «El que venciere será vestido de vestiduras blancas; y no borraré su nombre del libro de la vida, y confesaré su nombre delante de mi Padre, y delante de sus ángeles» (Ap 3:5). Ese libro donde están escritos los nombres de todos aquellos que han creído en Jesucristo como Señor y Salvador será abierto en el juicio, demostrándoles a los impíos que la razón por la cual fueron condenados al infierno y serán condenados al lago de fuego es que no están inscritos en él.

Entonces la profecía termina diciendo: «Y el que no se halló inscrito en el libro de la vida fue lanzado al lago de fuego» (Ap 20:15). A esa sentencia final se le llama en la Biblia «la muerte segunda» (v. 14), por cuanto todos ellos, aunque habían muerto ya una primera vez y luego resucitaron para ser juzgados, finalmente serán lanzados vivos al lago que arde con fuego y azufre para padecer ahí por toda la eternidad. En el capítulo 21 de Apocalipsis se añade lo siguiente: «Pero los cobardes e incrédulos, los abominables y homicidas, los fornicarios y hechiceros, los idólatras y todos los mentirosos tendrán su parte en el lago que arde con fuego y azufre, que es la muerte segunda» (Ap 21:7-8).

Estimado lector, la salvación del alma es cosa seria. La Biblia dice: «Porque ¿qué aprovechará al hombre si ganare todo el mundo, y perdiere su alma?» (Mr 8:36). En aquel día, millones de personas llorarán de desesperación, remordimiento y enojo a causa de que su nombre no fue hallado en el libro de la vida. Y aunque quizás rogarán por misericordia y perdón, ya será demasiado tarde para ellos, así que serán lanzados al lago de fuego y azufre para sufrir por toda la eternidad como consecuencia de su maldad. En el juicio frente al gran trono blanco no habrá nadie que pueda ser salvo o tener una segunda oportunidad. Solo se ejecutará para demostrarles por qué están perdidos eternamente y dictar cuánta condenación deben recibir según sus obras. La Palabra de Dios establece: «El que en él cree, no es condenado; pero el que no cree, ya ha sido condenado, porque no ha creído en el nombre del unigénito Hijo de Dios» (Jn 3:18). Y luego también añade: «El que cree en el Hijo tiene vida eterna; pero el que rehúsa creer en el Hijo no verá la vida, sino que la ira de Dios está sobre él» (Jn 3:36).

Si hay alguien leyendo este libro y aún no es cristiano, creo que es momento de que tome la decisión más inteligente de todas al seguir a Cristo y aceptarlo como su Señor y Salvador. La oportunidad es ahora en vida, por lo cual, clame a Él con fe y ruéguele que perdone sus pecados, invocando su nombre. La Biblia enseña que entonces usted tendrá el gozo de que su nombre sea escrito en el libro de la vida y no habrá condenación. El Señor Jesús prometió en su Palabra: «El que venciere, no sufrirá daño de la segunda muerte» (Ap 2:11). Y también dice luego: «Bienaventurado y santo el que tiene parte en la primera resurrección; la segunda muerte no tiene potestad sobre estos, sino que serán sacerdotes de Dios y de Cristo» (Ap 20:6). ¡Qué gloriosa recompensa hay para aquellos que deciden hoy seguir a Cristo!

El Hades y el lago de fuego

Una vez que estos impíos hayan sido lanzados al lago de fuego, la Biblia afirma que el Hades —o sea, el lugar donde se encuentra el infierno y donde actualmente van a padecer las almas de los pecadores esperando el juicio final— será echado también al lago de fuego. La profecía dice: «Y la muerte y el Hades fueron lanzados al lago de fuego» (Ap 20:14). Por lo tanto, como resulta evidente, el infierno y el lago de fuego son dos cosas distintas.

En primer lugar, necesitamos reconocer que según la Biblia el infierno es un lugar real al que van las almas de los perdidos. Las personas de nuestro mundo conocen muy poco sobre el infierno, y muchos ignoran el gran peligro que este representa para sus almas si mueren sin aceptar a Cristo. Lamentablemente, parte de la culpa por tanta ignorancia sobre ese lugar la tienen las sectas que han diseminado errores doctrinales y herejías muy terribles, como la del sueño del alma, o que el alma de los pecadores se aniquila al momento de la muerte, o que el infierno en realidad era un rincón a las afueras de Jerusalén, o incluso que se trata de algo simbólico sobre lo que es una vida de miseria. Sin embargo, en realidad todas esas posturas son mentiras y doctrinas de demonios que alejan a la gente de la verdad para que no corran a Cristo.

La Biblia enseña sobre el infierno, siendo Jesús uno de los que más habló acerca del mismo. En Mateo 13 dijo que allí hay gran lloro y crujir de dientes (Mt 13:42), y en Marcos 9 añadió que en aquel lugar el gusano no muere y el fuego nunca se apaga (Mr 9:46). Así que vemos que se trata de un lugar con un fuego constante y donde hay un alto nivel de castigo y sufrimiento, primero por el remordimiento de la conciencia, que recordará todo, también por el fuego y los gusanos que atormentarán, pero además por el tormento y la acusación de los demonios.

En Lucas 16, Jesús contó una historia verídica sobre dos hombres que murieron y cuyas almas fueron a lugares distintos. Por un lado, la historia nos presenta a Lázaro, un hombre pobre y enfermo pero justo, cuya alma cuando murió fue al paraíso, al seno de Abraham. Por el otro lado, se nos presenta a un hombre rico, que vivió alejado de Dios dedicado a sus placeres y vicios, yendo cuando murió, no al paraíso, sino al infierno mismo. El relato bíblico dice:

> Y en el Hades alzó sus ojos, estando en tormentos, y vio de lejos a Abraham, y a Lázaro en su seno. Entonces él, dando voces, dijo: Padre Abraham, ten misericordia de mí, y envía a Lázaro para que moje la punta de su dedo en agua, y refresque mi lengua; porque estoy atormentado en esta llama [...] Te ruego, pues, padre, que le envíes a la casa de mi padre, porque tengo cinco hermanos, para que les testifique, a fin de que no vengan ellos también a este lugar de tormento (Lc 16:23-24; 27-28).

La razón por la cual creemos que se trata de una historia real y no de una parábola es que Jesús siempre comenzaba una parábola con una comparación (como por ejemplo: «El reino de los cielos es semejante a...»). Sin embargo, en esta ocasión él no comienza así, sino que dice: «Había un hombre rico...» (v. 19), dando a entender que habla de un personaje real.

Estimado amigo, el infierno es real y la Biblia da suficiente evidencia de que cuando un pecador muere sin Cristo, aunque su cuerpo va al sepulcro, el alma va instantáneamente al infierno; no a un lugar intermedio como el supuesto purgatorio, sino directo al infierno para pagar por sus pecados. Por lo tanto, el infierno sigue funcionando y condenando a millones de personas que mueren sin salvación.

No obstante, la Biblia también enseña acerca de un lago de fuego, un lugar que, aunque tiene un mismo propósito, es diferente al infierno. Muchos teólogos creen que el infierno se encuentra en el centro de la tierra, pero en el caso del lago de fuego no hay evidencia alguna acerca de dónde se encuentra. Ese lugar es un lago como tal que arde con fuego y azufre, y evidentemente es más grande que el infierno, pues este último será arrojado a él. Como ya estudiamos, va a ser inaugurado por el anticristo, el falso profeta, y luego también por Satanás y sus demonios. Y después del juicio serán lanzados a él todos los impíos cuyos nombre no se encuentren en el libro de la vida.

La muerte será lanzada al lago

La Biblia revela que de igual manera la muerte misma será arrojada al lago de fuego (Ap 20:14). La Palabra de Dios enseña que la muerte no existía antes del pecado del hombre, sino que esta vino como resultado del pecado, como Dios le había advertido a Adán: «Del árbol de la ciencia del bien y del mal no comerás; porque el día que de él comieres, ciertamente morirás» (Gn 2:17). Sin embargo, como ya sabemos, el hombre desobedeció, comiendo del fruto del árbol prohibido y muriendo espiritualmente, y la muerte afectó también su alma y por último su cuerpo. La Escritura establece en Romanos 6:23 que «la paga del pecado es muerte». Dios no diseñó al hombre para morir, sino para que viviera eternamente, por eso la muerte se nos hace algo tan difícil de asimilar. Pero como el pecado dio a luz la muerte, todo ser humano quedó condenado a morir algún día.

No obstante, cuando Jesús vino a la tierra, no solo fue a la cruz para redimirnos con su sangre, sino que también venció a la muerte misma a través de su resurrección, lo cual resulta tan fundamental para la doctrina del evangelio que el apóstol Pablo dijo: «Si Cristo no resucitó, vana es entonces nuestra predicación, vana es también vuestra fe» (1 Co 15:14).

El hecho de que Él resucitara y venciera a la muerte no solo es importante porque lo destaca por encima de cualquier otro líder o «mesías» que se haya levantado en la historia, sino además porque así abrió la puerta para que nosotros también un día resucitemos y nunca más la muerte se pueda apoderar de nosotros. La Palabra dice: «Mas ahora Cristo ha resucitado de los muertos; primicias de los que durmieron es hecho. Porque por cuanto la muerte entró por un hombre, también por un hombre la resurrección de los muertos. Porque así como en Adán todos mueren, también en Cristo todos serán vivificados» (1 Co 15:20-22).

Y de igual manera que la sentencia sobre Satanás fue pagada en la cruz, pero no se terminará de ejecutar hasta después del milenio, así también la victoria que Cristo obtuvo sobre la muerte se terminará de cumplir al final del milenio cuando todos hayan sido resucitados —unos para vida eterna y otros para condenación— y la muerte sea echada en el lago de fuego para siempre. Por eso la Palabra nos promete diciendo: «Y el postrer enemigo que será destruido es la muerte» (1 Co 15:26). Luego añade: «Y cuando esto corruptible se haya vestido de incorrupción, y esto mortal se haya vestido de inmortalidad, entonces se cumplirá la palabra que está escrita: Sorbida es la muerte en victoria» (1 Co 15:54). ¡Aleluya!

Cielo nuevo y tierra nueva

Ahora bien, junto con todos estos acontecimientos gloriosos que sucederán luego del reino milenial, también el apóstol Juan observa algo: «Y vi un gran trono blanco y al que estaba sentado en él, *de delante del cual huyeron la tierra y el cielo, y ningún lugar se encontró para ellos*» (Ap 20:11, énfasis añadido). Luego, en el capítulo 21, retoma la narración de este impresionante suceso cuando señala: «Vi un cielo nuevo y una tierra nueva; porque el primer cielo y la primera tierra pasaron, y el mar ya no existía más» (Ap 21:1).

Lo que Juan presenció aquí es la destrucción del cielo y la tierra actuales para dar lugar a la creación de algo nuevo. En el Antiguo Testamento, vemos que el profeta Isaías profetizó sobre este suceso cuando dijo: «Porque he aquí que yo crearé nuevos cielos y nueva tierra; y de lo primero no habrá memoria, ni más vendrá al pensamiento» (Is 65:17). Luego añadió en el siguiente capítulo: «Porque como los cielos nuevos y la nueva tierra que yo hago permanecerán delante de mí, dice Jehová, así permanecerá vuestra descendencia y vuestro nombre» (Is 66:22). El Señor Jesús también habló sobre esto cuando indicó: «El cielo y la tierra pasarán, pero mis palabras no pasarán» (Mt 24:35). Y por último, el apóstol Pedro describió ese evento profético con mucha precisión cuando dijo:

Pero el día del Señor vendrá como ladrón
en la noche; en el cual los cielos pasarán con
grande estruendo, y los elementos ardiendo
serán deshechos, y la tierra y las obras que
en ella hay serán quemadas. Puesto que todas estas cosas han de ser deshechas, ¡cómo
no debéis vosotros andar en santa y piadosa
manera de vivir, esperando y apresurándoos
para la venida del día de Dios, en el cual los
cielos, encendiéndose, serán deshechos, y los
elementos, siendo quemados, se fundirán!
Pero nosotros esperamos, según sus promesas, cielos nuevos y tierra nueva, en los cuales
mora la justicia (2 P 3:10-13).

Sin embargo, ¿por qué destruiría Dios esta tierra y el
cielo actual? Como ya hemos estudiado, la creación ha sido
tremendamente manchada por el pecado a través de muchas
generaciones. Por lo tanto, Dios la va a purificar por medio
del fuego —de la manera que vimos en los juicios de la gran
tribulación— a fin de preparar la tierra para el establecimiento del reino milenial de Cristo. Pero la segunda y última purificación será la destrucción del cielo y la tierra a través del
fuego con el objetivo de prepararla para la nueva Jerusalén,
la hermosa ciudad donde viviremos por toda la eternidad, la
cual desciende del cielo.

No obstante, todo indica que la destrucción de la que
se habla no será para aniquilar la tierra, sino más bien para
renovarla, pues al estudiar el texto original griego vemos que
no se emplea el adjetivo *neón* o *neán*, el cual indicaría que

efectivamente el nuevo cielo y la nueva tierra serían formados de la nada. Más bien, la palabra que se encuentra es *parérjomai*, que significa «pasar de una condición a otra». Por lo tanto, no vemos que se esté hablando de una aniquilación total, sino de una transformación a través del fuego para crear algo libre de contaminación. Y esto tiene mucho sentido, porque creo que la intención de Dios no será destruir y aniquilar lo que hizo, sino purificarlo para restaurarlo a su propósito inicial.

En cuanto a esta nueva tierra que se creará, se dice que no existirá el mar en ella, y eso quizás significa que no habrá grandes océanos, sino que la tierra será abundante y estará unida entre sí, como era posiblemente antes del diluvio. Y será un mundo hermoso, donde no habrá más catástrofes o cataclismos, ni frío, ni calor, ni mucho menos pecado.

La nueva Jerusalén

Y precisamente a esa nueva tierra descenderá del cielo la nueva Jerusalén, el último acontecimiento del cual habla Apocalipsis, y será una ciudad gloriosa donde viviremos por toda la eternidad. Con frecuencia me he encontrado con hermanos que piensan que los cristianos pasaremos la eternidad en el cielo, pero esto no es así, ya que aunque evidentemente estaremos en el cielo durante siete años celebrando las bodas del Cordero, luego de eso vendremos a la tierra para reinar mil años, y después descenderá la nueva Jerusalén para que moremos en ella por toda la eternidad. El apóstol Juan describe la manera gloriosa como observó en visión la llegada de esa gran ciudad.

Y yo Juan vi la santa ciudad, la nueva Jerusalén,
descender del cielo, de Dios, dispuesta como
una esposa ataviada para su marido. Y oí una
gran voz del cielo que decía: He aquí el tabernáculo de Dios con los hombres, y él morará
con ellos; y ellos serán su pueblo, y Dios mismo estará con ellos como su Dios (Ap 21:2-3).

La razón por la que a esta ciudad se le da el nombre
de nueva Jerusalén es porque aunque la Jerusalén terrenal es
una ciudad hermosa, con gran historia, donde Cristo murió
y desde donde de hecho reinará con su iglesia en el milenio,
durante siglos fue contaminada con el pecado de sus reyes.
Por lo cual, en Apocalipsis 11:8 incluso se le llama a Jerusalén en un sentido espiritual «Sodoma y Egipto» debido a los
grandes pecados que en ella han sido cometidos. Pero Dios,
que es un especialista haciéndolo todo nuevo y renovando lo
que el enemigo corrompió, luego del milenio hará descender
del cielo una nueva y hermosa ciudad, a la que se le llama
santa, porque no habrá en ella nada de pecado.

Esta ciudad es la misma de la que se habla en Hebreos
cuando se dice que «os habéis acercado al monte de Sion, a la
ciudad del Dios vivo, Jerusalén la celestial, a la compañía de
muchos millares de ángeles» (Heb 12:22). También es la misma sobre la que el patriarca Abraham tuvo la revelación de
que vendría, por lo cual «esperaba la ciudad que tiene funda-
mentos, cuyo arquitecto y constructor es Dios» (Heb 11:9-10).
Y por último, es la misma ciudad que Jesús les prometió a sus
seguidores cuando dijo: «No se turbe vuestro corazón; creéis
en Dios, creed también en mí. En la casa de mi Padre muchas

moradas hay; si así no fuera, yo os lo hubiera dicho; voy, pues, a preparar lugar para vosotros. Y si me fuere y os preparare lugar, vendré otra vez, y os tomaré a mí mismo, para que donde yo estoy, vosotros también estéis» (Jn 14:1-3). En la nueva Jerusalén vivirá la esposa del Cordero, la iglesia, durante toda la eternidad, por lo cual el ángel le dice a Juan: «Ven acá, yo te mostraré la desposada, la esposa del Cordero. Y me llevó en el Espíritu a un monte grande y alto, y me mostró la gran ciudad santa de Jerusalén, que descendía del cielo, de Dios, teniendo la gloria de Dios» (Ap 21:9-11). Es importante hacer notar que no es que la ciudad sea la esposa del Cordero, sino que sus moradores, la iglesia, son la esposa de Cristo, entonces la ciudad asume el parentesco del nombre que Dios le da a su iglesia.

El aspecto de la ciudad

¿Cómo será esa ciudad y qué tan grande resultará para que vivamos ahí todos los justos y cristianos que ha habido a lo largo de siete mil años de historia? El pasaje nos da algunos detalles asombrosos sobre la apariencia física de esta ciudad, de los cuales quiero mencionar cinco.

En primer lugar, será una ciudad inmensa como ninguna que hayamos visto jamás, ya que el pasaje señala que «la ciudad se halla establecida en cuadro, y su longitud es igual a su anchura; y él midió la ciudad con la caña, doce mil estadios; la longitud, la altura y la anchura de ella son iguales» (Ap 21:16). La nueva Jerusalén será de proporciones cuadradas, una especie de cubo, porque tendrá igual anchura, longitud y altura. Y cada lado será de doce mil estadios, lo cual según muchos teólogos equivale a unas 1.500 millas o 2.414 km. Por lo tanto, solo en longitud y anchura, sin contar la altura —la que será utilizada porque tanto los ángeles como nuestros cuerpos glorificados podrán volar—, estamos hablando de casi dos terceras partes del territorio de Estados Unidos. Así que imaginemos qué inmensa será esta ciudad.

En segundo lugar, se menciona también que la ciudad tendrá un muro rodeándola de ciento cuarenta y cuatro codos de alto (v. 17), y esto equivale a alrededor de 65 metros según la medida humana. Y señala que será de jaspe, lo cual nos hace imaginarlo como algo precioso y resplandeciente aun desde la distancia. Por eso cuando Juan observa esta ciudad descendiendo a la tierra dice que «su fulgor era semejante al de una piedra preciosísima, como piedra de jaspe, diáfana como el cristal» (Ap 21:11).

En tercer lugar, habrá también doce puertas en total, tres por cada lado del muro, las cuales son a la vez una perla (v. 21), y un ángel estará parado en cada una de ellas. Además, cada una de esas puertas tendrá escrito uno de los nombres de las doce tribus de Israel (v. 12). La indicación de los nombres de las tribus israelitas escritos en las puertas nos habla del valor que Dios le da a Israel, pero esto es así sobre todo porque a través de Israel vinieron los pactos, las promesas y el Salvador. Todos nosotros hemos sido injertados a través de la fe en las bendiciones de las promesas hechas a Israel (Ro 11:24). Jesús dijo que la salvación viene de los judíos (Jn 4:22).

En cuarto lugar, el pasaje nos enseña que habrá doce cimientos en el muro de la ciudad, que estarán adornados con doce piedras preciosas (Ap 21:19-20) como jaspe, zafiro, ágata, esmeralda, ónice, cornalina, crisólito, berilo, topacio, crisopraso, jacinto y amatista. La combinación de estos hermosos colores le dará una apariencia hermosa, llena de gran resplandor y belleza. Además, se indica que sobre estos doce cimientos estarán escritos los nombres de los doce apóstoles del Cordero (v. 14). Si bien la Biblia enseña que el fundamento y la piedra angular del edificio espiritual de Dios y el evangelio es Jesucristo mismo (1 P 2:6), también sabemos que los apóstoles del Cordero fueron los responsables de poner el fundamento doctrinal en la iglesia de Jesucristo, como establece la Palabra en Efesios: «Así que ya no sois extranjeros ni advenedizos, sino conciudadanos de los santos, y miembros de la familia de Dios, edificados sobre el fundamento de los apóstoles y profetas, siendo la principal piedra del ángulo Jesucristo mismo» (Ef 2:19-20).

Asimismo, el hecho de que veamos las doce puertas con los nombres de las doce tribus de Israel y los doce cimientos con el nombre de los doce apóstoles nos enseña una vez más que en esta ciudad habitarán tanto judíos como gentiles, salvos por la gracia de Jesucristo, incluyendo a aquellos que vivieron antes de la cruz de Cristo y también a los que vivieron después de esta.

Y en quinto y último lugar se nos dice que aunque el muro será de jaspe, la ciudad será de oro puro, pero transparente como el vidrio (Ap 21:18), al igual que la calle o plaza principal (v. 21). El oro simboliza la pureza y la gran suntuosidad que esta ciudad posee, mientras que el cristal nos habla mucho de la transparencia de la misma, como si estuviera diseñada para transmitir sin obstáculo alguno el resplandor de la gloria de Dios hacia todas partes.

Los detalles espirituales de la ciudad

Ahora bien, lo más glorioso de la ciudad no será su apariencia física, sino los detalles de carácter espiritual tan importantes que tendrá, de los cuales quiero mencionar también cinco.

En primer lugar, lo más glorioso de la nueva Jerusalén es que tendrá a Cristo mismo en medio de ella. Apocalipsis 22:1 señala que en medio de la ciudad estará el trono de Dios, y porque Él estará allí, su gloria llenará la ciudad. Por esto Juan observa a esta ciudad «teniendo la gloria de Dios» (Ap 21:11) y además dice que no habrá en ella templo alguno, «porque el Señor Dios Todopoderoso es el templo de ella, y el Cordero» (v. 22). La razón por la cual no habrá un templo allí es porque la presencia de Dios llenará toda la ciudad, de manera que la ciudad misma será un santuario de gloria.

En segundo lugar, Dios estará en medio de la ciudad con la intención de tener comunión con el hombre. «Y oí una gran voz del cielo que decía: He aquí el tabernáculo de Dios con los hombres, y él morará con ellos; y ellos serán su pueblo, y Dios mismo estará con ellos como su Dios» (Ap 21:3). Desde siempre, el deseo de Dios ha sido tener comunión con el hombre, por eso mandó a hacer un tabernáculo en el desierto, aunque una y otra vez el hombre le fallaba. Hoy tenemos evidentemente un tabernáculo espiritual, porque como creyentes somos morada del Espíritu Santo y tenemos comunión con el Señor. Pero en la nueva Jerusalén podremos verlo cara a cara y disfrutar de su presencia toda la eternidad, por lo cual a la ciudad se le llama «el tabernáculo de Dios con los hombres».

El tercer detalle es que la gloria de Dios llenará la ciudad a tal magnitud, que Juan la observa como una especie de luz que llena toda la ciudad y hace innecesarios al sol y la luna. «La ciudad no tiene necesidad de sol ni de luna que brillen en ella; porque la gloria de Dios la ilumina, y el Cordero es su lumbrera» (Ap 21:23). Y luego añade: «No habrá allí más noche; y no tienen necesidad de luz de lámpara, ni de luz del sol, porque Dios el Señor los iluminará; y reinarán por los siglos de los siglos» (Ap 22:5). ¡Imaginemos cuán majestuoso será aquello! De Cristo mismo, quien es el resplandor de la gloria del Padre (Heb 1:3), saldrá una luz tan potente y abarcadora que no habrá necesidad de sol ni luna. Con toda razón Juan dijo que Cristo es la luz verdadera que alumbra a todo hombre (Jn 1:9).

En cuarto lugar, el pasaje nos revela que esta ciudad estará libre de cualquier contaminación o pecado, por lo que se le llama «ciudad santa» (Ap 21:2), y luego añade que «no entrará en ella ninguna cosa inmunda, o que hace abominación y mentira, sino solamente los que están inscritos en el libro de la vida del Cordero» (v. 27). En la nueva Jerusalén no entrará el pecado nunca más, ni ninguna persona impura, sino solo aquellos redimidos cuyos nombres estén inscritos en el libro de la vida.

Tampoco estará presente ninguna de las consecuencias del pecado, pues «ya no habrá muerte, ni habrá más llanto, ni clamor, ni dolor; porque las primeras cosas pasaron» (Ap 21:4). «Y no habrá más maldición» (Ap 22:3). Todas estas cosas vinieron como resultado del pecado y la separación de Dios, pero en el cielo nadie llorará, ni sentirá dolor o padecerá enfermedad, ni habrá muerte, porque estaremos con Dios, y Él nos consolará y enjugará nuestras lágrimas (Ap 21:4). En la eternidad no habrá recuerdos de los males, ni de los familiares que se perdieron eternamente, sino solo de cosas buenas y agradables que nos den gozo, por lo que será un tiempo de gran consolación y paz.

Y en quinto y último lugar, Juan observa un par de figuras en el mismo centro de la ciudad que no podemos obviar. El pasaje dice así:

> Después me mostró un río limpio de agua de vida, resplandeciente como cristal, que salía del trono de Dios y del Cordero. En medio de la calle de la ciudad, y a uno y otro lado del río, estaba el árbol de la vida, que produce doce frutos, dando cada mes su fruto; y las hojas del árbol eran para la sanidad de las naciones (Ap 22:1-2).

Es importante entender que este pasaje no está hablando sobre posibles enfermedades que se pudieran presentar en los ciudadanos de la ciudad, sino que se refiere a la vida que fluye del Dios trino cual un río para toda la ciudad, así como en el jardín del Edén fluía un río que regaba todo el huerto (Gn 2:10). El árbol de la vida habla de la inmortalidad de los habitantes de la ciudad, los cuales nunca morirán. Recordemos que Adán y Eva nunca comieron de ese árbol, porque optaron por comer del prohibido. Pero en la nueva Jerusalén estará presente el árbol de la vida, que es tipo de Cristo, porque el que come de Él tiene vida eterna (Jn 6:54).

¡Qué hermosa será la nueva Jerusalén! Allí encontraremos todo lo que un día el pecado nos había quitado y moraremos con Cristo para siempre, adorándole y sirviéndole por toda la eternidad.

CONCLUSIÓN

Estimado lector, luego de haber explicado en este libro con mucho amor y pasión la gran mayoría de los acontecimientos proféticos sobre los cuales la Palabra de Dios nos enseña, permítame resumir la enseñanza de la siguiente manera:

Creemos que muy pronto la trompeta sonará y la iglesia será arrebatada al cielo para celebrar con Cristo las bodas del Cordero. Inmediatamente después de que eso suceda, comenzará en la tierra un período terrible de tribulación y gran tribulación en el que el anticristo engañará a las personas, estableciendo un reino satánico a través del cual perseguirá a Israel y a todo aquel que confiese el nombre de Cristo. Al mismo tiempo, caerá del cielo la ira de Dios sobre los moradores de la tierra, aquellos que lo rechazaron, siendo representados estos juicios a través de los siete sellos, las siete trompetas y las siete copas. Pero al final de los siete años, Cristo Jesús regresará a la tierra con su iglesia, venciendo al anticristo, el falso profeta y Satanás, así como también al ejército que se habrá reunido en el valle de Armagedón. Y será entonces que restaurará a Israel, comenzando desde Jerusalén un reino glorioso de mil años, al final de los cuales el diablo será suelto y engañará a las naciones para que se rebelen contra Dios y peleen la batalla final, conocida en la profecía como «Gog y Magog». Sin embargo, Dios hará descender fuego del cielo que los consumirá, y lanzará al diablo al lago de fuego. Después de esto, resucitarán los muertos impíos, cuyas almas saldrán del infierno para ser juzgados ante el gran trono blanco y finalmente ser lanzados también al lago de fuego y azufre. Y al final de todo, el cielo y la tierra serán destruidos para renovarlos y dar lugar a la creación de un cielo nuevo y una tierra nueva y perfecta, a la que descenderá del cielo la nueva Jerusalén, la ciudad donde viviremos con Cristo por toda la eternidad.

Permítame decirle que todo esto que está profetizado en la Biblia es verdad y se cumplirá muy pronto. No se trata de un cuento o fantasía, sino de eventos reales que sucederán. Y esa es la esperanza gloriosa de la cual el libro de Apocalipsis o Revelaciones nos habla, de la victoria final de Cristo sobre todos sus enemigos y las grandes promesas para todos aquellos que hemos puesto nuestra confianza en Él. Por lo cual, en mi corazón arden las palabras que Jesús mismo dijo: «He aquí yo vengo pronto, y mi galardón conmigo, para recompensar a cada uno según sea su obra. Yo soy el Alfa y la Omega, el principio y el fin, el primero y el último» (Ap 22:12-13). Estimado amigo, el Señor está a las puertas y en cualquier momento comenzarán a cumplirse las profecías de Apocalipsis.

De modo que necesitamos prepararnos para ese momento, porque de qué vale saber lo que vendrá y no estar listos. Por eso Jesús les dejó a las siete iglesias del Asia, que tipifican a la iglesia global, siete promesas para que toda persona pueda vencer y prevalecer fiel al Señor hasta el final. Estas promesas dicen así:

1. «Al que venciere, le daré a comer del árbol de la vida, el cual está en medio del paraíso de Dios» (Ap 2:7).

2. «El que venciere, no sufrirá daño de la segunda muerte» (Ap 2:11).

3. «Al que venciere, daré a comer del maná escondido, y le daré una piedrecita blanca, y en la piedrecita escrito un nombre nuevo, el cual ninguno conoce sino aquel que lo recibe» (Ap 2:17).

4. «Al que venciere y guardare mis obras hasta el fin, yo le daré autoridad sobre las naciones, y las regirá con vara de hierro, y serán quebradas como vaso de alfarero; como yo también la he recibido de mi Padre» (Ap 2:26-27).

5. «El que venciere será vestido de vestiduras blancas; y no borraré su nombre del libro de la vida, y confesaré su nombre delante de mi Padre, y delante de sus ángeles» (Ap 3:5).

6. «Al que venciere, yo lo haré columna en el templo de mi Dios, y nunca más saldrá de allí; y escribiré sobre él el nombre de mi Dios, y el nombre de la ciudad de mi Dios, la nueva Jerusalén, la cual desciende del cielo, de mi Dios, y mi nombre nuevo» (Ap 3:12).

7. «Al que venciere, le daré que se siente conmigo en mi trono, así como yo he vencido, y me he sentado con mi Padre en su trono» (Ap 3:21).

Y aún más, al final del Apocalipsis encontramos una octava promesa: «El que venciere heredará todas las cosas, y yo seré su Dios, y él será mi hijo» (Ap 21:7).

Pero para ser herederos de estas grandes promesas es vital que tengamos a Cristo Jesús en el corazón, por lo cual animo a cualquiera que lea este libro y que aún no sea cristiano a que tome hoy la mejor decisión de su vida.

También es importante que como creyentes mantengamos viva la llama de la pasión por el Señor, con nuestras lámparas llenas del aceite del Espíritu Santo, santificándonos más y buscando a Dios, así como la Palabra nos indica cuando dice:

Es ya hora de levantarnos del sueño; porque ahora está más cerca de nosotros nuestra salvación que cuando creímos. La noche está avanzada, y se acerca el día. Desechemos, pues, las obras de las tinieblas, y vistámonos las armas de la luz. Andemos como de día, honestamente; no en glotonerías y borracheras, no en lujurias y lascivias, no en contiendas y envidia, sino vestíos del Señor Jesucristo, y no proveáis para los deseos de la carne (Ro 13:11-14).

Y finalmente, es necesario mantener el gozo y la expectativa por el regreso del Señor, no tratándolo como algo lejano, sino como una realidad que muy pronto sucederá. Y por eso Apocalipsis termina diciendo:

Y el Espíritu y la Esposa dicen: Ven. Y el que oye, diga: Ven. Y el que tiene sed, venga; y el que quiera, tome del agua de la vida gratuitamente [...] El que da testimonio de estas cosas dice: Ciertamente vengo en breve. Amén; sí, ven, Señor Jesús (Ap 22:17; 20).

Estimada iglesia de Jesucristo, pronto nuestro Señor regresará por nosotros. ¡Maranata!

BIBLIOGRAFÍA

Biblia de Estudio Senda de Vida, RVR 1960. Miami: Editorial Senda de Vida, 2017.

Matthew, Henry. *Comentario bíblico de Matthew Henry.* Barcelona: Editorial Clie, 2013.

Rodríguez, Eliseo. *El Cordero inmolado.* Colombia: Editorial Buena Semilla, 2017.

_____. *El reino milenial de Cristo.* Miami: Living Word University, 2013.

Stone, Perry. *Se desata la bestia.* Florida: Editorial Casa Creación, 2011.

Swaggart, Jimmy. *Biblia de Estudio del Expositor.* Jimmy Swaggart Ministries, 2011.

¿HAS LEÍDO ALGO BRILLANTE Y QUIERES CONTÁRSELO AL MUNDO?

Ayuda a otros lectores a encontrar este libro:

- Publica una reseña en nuestra página de Facebook @VidaEditorial

- Publica una foto en tu cuenta de redes sociales y comparte por qué te agradó.

- Manda un mensaje a un amigo a quien también le gustaría, o mejor, regálale una copia.

¡Déjanos una reseña si te gustó el libro! ¡Es una buena manera de ayudar a los autores y de mostrar tu aprecio!

Visítanos en
EditorialVida.com
y síguenos en
nuestras redes sociales.